Damian Hungs

Der Deutschordenspriester bis 1800

Damian Hungs

Der Deutschordenspriester bis 1800

Sein Leben und Wirken

Fromm Verlag

Impressum/Imprint (nur für Deutschland/ only for Germany)
Bibliografische Information der Deutschen Nationalbibliothek: Die Deutsche Nationalbibliothek verzeichnet diese Publikation in der Deutschen Nationalbibliografie; detaillierte bibliografische Daten sind im Internet über http://dnb.d-nb.de abrufbar.

Coverbild: www.ingimage.com

Contact:
International Book Market Service Ltd., 17 Rue Meldrum, Beau Bassin, 1713-01 Mauritius
Website: www.bookmarketservice.com
Email: info@bookmarketservice.com

Gedruckt in: USA, UK, Deutschland. Dieses Buch wurde nicht in Mauritius produziert.

Imprint (only for USA, GB)
Bibliographic information published by the Deutsche Nationalbibliothek: The Deutsche Nationalbibliothek lists this publication in the Deutsche Nationalbibliografie; detailed bibliographic data are available in the Internet at http://dnb.d-nb.de.

Cover image: www.ingimage.com

Contact:
International Book Market Service Ltd., 17 Rue Meldrum, Beau Bassin, 1713-01 Mauritius
Website: www.bookmarketservice.com
Email: info@bookmarketservice.com

Printed in: U.S.A., U.K., Germany. This book was not produced in Mauritius.

ISBN: 978-3-8416-0083-7

1. Vorwort ... 3
2. Frage nach dem Entstehen ... 5
3. Zahl der Priester ... 5
3.1 Zahl der Priester in der Gemeinschaft ... 7
4. Stellung im Orden ... 14
5. Aufnahme von Ordenspriestern ... 16
5.1 Privilegien zur Aufnahme von Priestern ... 16
5.2 Herkunft ... 16
5.3 Ordenseintritt ... 18
5.4 Die Aufnahme in den Orden ... 19
5.5 Ausbildung der Priester ... 21
5.5.1 Priesterseminar zu Mergentheim ... 23
5.5.2 Das Deutsche Kolleg in Löwen ... 24
6. Lebensumstände ... 25
6.1 Einsatzort und Versetzbarkeit ... 25
6.2 Einkommen ... 27
6.3 Wohnung ... 33
6.4 Kleidung ... 35
6.5 Lebensstandard ... 38
6.6 Lebenswandel ... 40
7. Aufgaben der Priester ... 42
7.1 Aufgaben nach den Satzungen ... 42
7.2 Liturgie ... 43
7.2.1 Die Heilige Messe ... 44
7.2.2 Chorgebet ... 44
7.4 Die Pfarrei ... 46
7.4.1 Besetzung der ordenseigenen Pfarrkirchen ... 46
7.4.2 Der Pfarrdienst ... 47
7.5 Weitere Tätigkeiten ... 49
8. Karrieremöglichkeiten ... 52
8.1 Karrieremöglichkeiten innerhalb der Ordenshierarchie ... 52
8.1.1 Landkomtur ... 53
8.1.2 Komtur ... 53
8.1.3 Hauskomtur ... 54
8.1.4 Trappier ... 55
8.1.5 Zinsmeister ... 55
8.1.6 Pitanzenmeister ... 55
8.1.7 Prior ... 55
8.1.8 Novizenmeister ... 57
8.2 Karrieremöglichkeiten innerhalb des Ordens ... 57
8.2.1 Pröpste ... 57
8.2.2 Dechanten ... 58
8.2.3 Seminardirektor in Mergentheim ... 58
8.2.4 Mergentheimer Seminarpräfekt ... 59
8.2.5 Präses des Deutschen Kollegs ... 60
8.2.6 Sakristan von Neuenbiesen ... 61
8.3 Karrieremöglichkeiten außerhalb des Ordens ... 61
8.3.1 Der Bischof ... 61
8.3.2 Der Bischof als Weihbischof ... 66
8.3.3 Die Domkapitel ... 67
8.3.1 Sonstiges ... 69

9 Zusammenfassung 72
Literatur 75

1. Vorwort

Über kaum einen Orden ist historisch soviel veröffentlicht worden, wie über den Deutschen Orden. Und wirklich, seine Geschichte ist interessant und wechselhaft. Von den Kämpfern im Heiligen Land und in Preußen, über das adlige Versorgungsinstitut, bis hin zum heutigen Priesterorden. Hierbei fanden jedoch die dem Orden angehörenden Priester kaum eine Berücksichtigung, vielmehr wurden sie als vollkommen unbedeutend angesehen und kaum einer Randbemerkung wert erachtet. Dies ist jedoch weitgehend eine Ansicht des heutigen Betrachters. Bereits die enorme Zahl von Priesterbrüdern und inkorporierten Seelsorgsstellen macht deutlich, dass der Deutsche Orden dem normalen Menschen der Vergangenheit vor allem in seiner geistlichen Funktion entgegentrat, vertreten durch einen Ordenspriester.

Wer aber war der Priesterbruder des Deutschen Orden, wie war sein Bild innerhalb des Ordens, was waren seine Aufgaben und wie sah sein Leben aus? Auf den folgenden Seiten wollen wir uns nun langsam an das Bild des Priesterbruders im Deutschen Orden herantasten. Wir wollen versuchen ihn in seinem Alltag zu sehen, ihn in seinem Umfeld und Handeln wahrzunehmen, um so, seinen Werdegang in Wandel und Kontinuität beobachtend, sein Charakteristikum zu erkennen.

2. Frage nach dem Entstehen

Der Deutsche Orden – ein Ritterorden. Da ist die Frage berechtigt, wie es denn nun kam, dass sich auch Priester in diesem Orden befanden und dann auch ab wann? Auch wenn wir diese Frage nicht genau beantworten können, so hatte die Gemeinschaft doch bereits in frühester Zeit auch Priester in ihren Reihen. Genauer gesagt finden wir sie bereits in der ersten Zeit seines Bestehens, da uns nämlich in der Hochmeisterliste bereits an Platz zwei ein gewisser Heinrich als Prior (1193/94) begegnet. Diese Bezeichnung, Prior, zeichnet unseren Heinrich eindeutig als Priester aus, womit wir diesem Element des Ordens also bereits in der Gründungsphase begegnen[1]. Nach der Umwandlung des Ordens in ein Ritterinstitut, durch Papst Innozenz III. 1199 bestätigt, traten die Priester nun jedoch unübersehbar in das zweite Glied zurück und auch Papst Honorius III. bestätigte dies in seiner Bulle vom 8. Dezember 1216, indem er feststellte, dass die Leitung einzig den Ritterbrüdern zustehe[2]. Die Frage warum es denn nun auch Priesterbrüder in diesem Orden gab, lässt jetzt nur noch Vermutungen offen, welche jedoch sehr wahrscheinlich sind. Nämlich die Spendung der Sakramente an die Ritterbrüder und deren seelsorgliche Begleitung. Hierzu schienen sicherlich Mitglieder des eigenen Ordens ganz besonders geeignet, da diese die Situation der Priesterbrüder aus dem Ordensalltag und der gemeinsamen Spiritualität besonders gut verstanden und somit die gewünschte Qualität besaßen.

3. Zahl der Priester

Was die Anzahl der Ordenspriester angeht, so sind wir zum Teil recht gut informiert. So gab es um 1400 in den 140 Niederlassungen außerhalb Preußens und Livlands etwa 358 Ritter und 343 Priester, wobei sich auch diese Zahl auf das Reich, Österreich und Frankreich beschränkt. Im gesamten wird der Orden damals wohl an die 850 Brüder gezählt haben. Ein halbes Jahrhundert später, nämlich 1451, gab es dann neben den 226 Rittern bereits 402 Priester, dazu noch 32 Sariantbrüder[3], so das die Mehrzahl der 660

---

[1] Ewald Volgger, Die Priester im Deutschen Orden, in: Heinz Noflatscher, Der Deutsche Orden in Tirol, Bozen 1991, S. 44

[2] Ewald Volgger, Die Priester im Deutschen Orden, in: Heinz Noflatscher, Der Deutsche Orden in Tirol, Bozen 1991, S. 46

[3] Sariantbrüder, auch Graumäntler genannt, waren die Diener und Begleiter der Ritterbrüder. (Jozef Mertens, De onderwijspolitiek van de Landcommandeurs Reuschenberg (+ 1603) en Amstenrade (+ 1634) in de Balije Biesen, Provincie van de Duitse Orde., Brussel 2002, S. 7)

Ordensmitglieder in dieser Zeit Priester waren[4]. Doch sollte sich das Verhältnis nach der Reformation ändern. Gab es 1586 nur noch 52 Priesterbrüder und 117 Ordensritter, so glich sich ihr Verhältnis bis 1630 wieder dem der Ordensritter mit 58 zu 98 an[5]. Wie enorm der Zahlenunterschied in einer Ballei zwischen Priestern und Rittern sein konnte, sehen wir an der Ballei Thüringen, welche vor der Reformation nicht weniger als 92 Priesterbrüder zu sechs Rittern aufwies[6]. 1448 waren es hier 79 Priester- und sieben Ritterbrüder[7]. Doch kippte das Ganze mit der Reformation und die Zahl der Priesterbrüder sank fast ins Bodenlose. Zählte die Ballei Franken vor der Reformation von 204 Brüdern noch 140 Priester, so sank die Zahl bis 1544 auf 14 Priester von 48 Brüdern und 1577 auf nur noch zwei Priester bei 38 Brüdern[8]. Dass dieses nicht ohne Folgen für den Lebensvollzug des Einzelnen blieb, versteht sich von selbst. Nicht ohne Interesse ist auch die Zahl der Priesterbrüder in den Balleien Italiens. So zählte man in Sizilien 1435/40 neun Brüder, davon einen Priester. 1451 noch sieben Brüder, davon zwei Priester, waren sie 1491 lediglich noch drei Ritter- und ein Priesterbruder[9]. Stärker war man noch in der Ballei Apulien, welche in den Jahren 1435 bis 1440 noch 17 Brüder zählte, von denen wenigstens sechs Priester waren. Bis 1451 verschob sich hier das Gewicht zugunsten der Priester, welche nun mit vier von sieben Brüdern in der Mehrheit waren[10]. Infolge der sinkenden Zahlen verschwanden sie dann, genauso wie die Ritterbrüder, gänzlich aus Italien und dem übrigen Ausland. Was aber das Reich angeht, so ist nicht zu übersehen, dass die Ordensleitung die Zahl der Priesterbrüder nach der Reformation mit Bedacht gering hielt[11], kam doch die Anstellung von Weltpriestern kostengünstiger[12]. Ein Überblick aus dem Jahre 1801 zeigt uns, dass sich die Zahl der Priesterbrüder nie wieder auch nur annähernd auf den vorreformatorischen Stand zu bewegte. Selbst wenn eine Anzahl von 59 Ordenspriestern in diesem Jahr schon die abgespeckte Variante der säkularisierten Zahlen bildet, so zeigt sie doch, dass

[4] Ewald Volgger, Die Priester im Deutschen Orden, in: Heinz Noflatscher, Der Deutsche Orden in Tirol, Bozen 1991, S. 56
[5] Peter Heim, Die Deutschordenskommende Beuggen und die Anfänge der Ballei Elsass-Burgund, Bad Godesberg 1977, S. 104
[6] Ewald Volgger, Die Priester im Deutschen Orden, in: Heinz Noflatscher, Der Deutsche Orden in Tirol, Bozen 1991, S. 57
[7] Bernhard Sommerlad, Der Deutsche Orden in Thüringen, Halle 1931, S. 94
[8] Ewald Volgger, Die Priester im Deutschen Orden, in: Heinz Noflatscher, Der Deutsche Orden in Tirol, Bozen 1991, S. 58
[9] Kurt Forstreuter, Der Deutsche Orden am Mittelmeer, Bad Godesberg 1967, S. 119
[10] Kurt Forstreuter, Der Deutsche Orden am Mittelmeer, Bad Godesberg 1967, S. 131-132
[11] Bernhard Demel, Das Priesterseminar des Deutschen Orden zu Mergentheim, Bad Godesberg 1972, S. 210
[12] Hans Jürgen Dorn, Die Deutschordensballei Westfalen (Quellen und Studien zur Geschichte des Deutschen Ordens, Bd. 26), Marburg 1978, S. 198

es auch in den Jahren davor nicht viel mehr gewesen sein können. Die Verteilung über die Balleien war zu dieser Zeit wie folgt[13]:

Ballei	Ordensritter	Ordenspriester
Elsass	8	8
Österreich	6	8
Koblenz	5	1
Etsch	3	6
Franken	13	13
Hessen	5	-
Aldenbiesen	6	20
Thüringen	1	-
Westfalen	4	2
Lothringen	3	1
Sachsen	6	-

3.1 Zahl der Priester in der Gemeinschaft

Da der Orden für seine Mitglieder ein Leben in Gemeinschaft vorsah, war es üblich, dass die Priesterbrüder in Koventen mit Rittern, oder gelegentlich auch einmal reinen Priesterkonventen, zusammenlebten. Ein Konvent sollte nach Möglichkeit zwölf Mitglieder zählen, was der Anzahl der Apostel entsprach. Doch war diese Zahl nicht unbedingt gewährleistet. Meistens waren es weniger, selten einmal mehr. Die Ballei Koblenz bietet uns hierbei für die Zeit vor 1420[14]

Niederlassung	Ritter	Priester	Konvent
Koblenz	13	6	19
Ibersheim	3		3
Mülheim	1	1	2
Köln	4	3	7

[13] Friedrich Täubl, Der Deutsche Orden im Zeitalter Napoleons (Quellen und Studien zur Geschichte des Deutschen Ordens, Bd. 4), Marburg 1966, S. 21
[14] Hans Limburg, Die Hochmeister des Deutschen Ordens und die Ballei Koblenz, Bad Godesberg 1969, S. 108

Judenrode	2	1	3
Mecheln	5	2	7
Berk	5	1	6
Dieren	2	2	2

Die Anzahl der Priester konnte dabei recht verschieden sein und richtete sich normalerweise nach der Größe des Hauses. Waren in größeren Kommenden für gewöhnlich vier bis sechs Priester, es konnten auch einmal acht bis zehn sein, so waren es bei mittleren und kleineren Kommenden in der Regel drei bis vier, manchmal aber auch nur ein Priester[15]. Mit der zunehmenden Auflösung der Konvente, bzw. dem Sinken ihrer Zahlen, sank verständlicherweise auch die Zahl der Priester eines Konventes, was besonders in Balleien ins Auge fiel, welche durch auswärtige Ordensmitglieder bestückt werden mussten. Unübersehbar sank aber zugleich auch die Zahlen der Konventsmitglieder im Reich, wo wir jedoch für das Jahr 1451 immer noch bessere Verhältnisse und hier und da auch einmal recht große Konvente.

Ballei Koblenz

Niederlassung	**Ritter**	**Priester**	**Konvent**
Koblenz	6	9	15
Ibersheim		3	3
Mülheim		1	1
Köln	1	4	5
Judenrode	2	1	3
Mecheln	2	4	6
Berk[16]	1	1	2

[15] Ulrich Gasser, Die Priesterkonvente des Deutschen Ordens. Peter Riegler und ihre Wiedererrichtung 1854-1897, Bad Godesberg 1973, S. 5

[16] Hans Limburg, Die Hochmeister des Deutschen Ordens und die Ballei Koblenz, Bad Godesberg 1969, S. 108

Ballei Franken

Niederlassung	Ritter	Priester	Konvent
Horneck	4	5	9
Mergentheim[17]	15	4	19
Frankfurt[18]	6	11	17
Ellingen	15	2	17
Nürnberg[19]	8	6	14

Ballei Lothringen

Niederlassung	Ritter	Priester	Konvent
Trier	2	4	6
Luxemburg, Kapelle			1
Metz, Kapelle		2	2
Straßburg, Kapelle[20]	1	6	7
Beckingen[21]		1 / 2	3

Sonstige Balleien

Niederlassung	Ritter	Priester	Konvent
Bozen	1	1	2
Maastricht, Kapelle	12	7	19
Utrecht, Kapelle			15
Marburg	12	11	23
Göttingen		2	2
Wien	2	4	6
Basel, Kapelle		1	1
Bern, Pfarrkirche[22]		7	7

[17] Kurt Forstreuter, Der Deutsche Orden am Mittelmeer, Bad Godesberg 1967, S. 214
[18] Jörg Seiler, Der Deutsche Orden in Frankfurt, Marburg 2003, S. 133
[19] Jörg Seiler, Der Deutsche Orden in Frankfurt, Marburg 2003, S. 133
[20] Kurt Forstreuter, Der Deutsche Orden am Mittelmeer, Bad Godesberg 1967, S. 214
[21] Rüdiger Schmidt, Die Deutschordenskommenden Trier und Beckingen. 1242-1794., Marburg 1979, S. 274
[22] Kurt Forstreuter, Der Deutsche Orden am Mittelmeer, Bad Godesberg 1967, S. 213-214

Anders hingegen war es schon in Italien, wo die meisten Brüder aus dem Deutschen Reich „importiert" werden mussten, so wie wir es an den Namen erkennen können. Der Nachwuchs an Ordenspriestern scheint hier weitgehendst ausgeblieben zu sein, so dass man die vorhandenen Priesterbrüder zielstrebig einsetzte und aufgrund ihrer geringen Gesamtzahl auch die Anzahl der Priesterbrüder in den verschiedenen Konventen eher gering war. In den Jahren zwischen 1435 und 1440 kennen wir die Besetzung von 13 Niederlassungen, von denen sieben ausdrücklich mit „Kapelle" angegeben sind.

Niederlassung	**Ritter**	**Priester**	**Konvent**
Ballei Lombardei			
Brixenei, Burg	1	1	2
Padua, Kapelle	1	2	3
Venedig, Kapelle			2
Bologna, Kapelle	1	1	2
Ballei Apulien			
Barletta, Kapelle	4	1	5
Corneto, Burg			3
San Leonardo	3	1	4
Bari, Kapelle			1
Foggia, Kapelle		1	1
Nardo		1	1
Brindisi, Kapelle			2
Ballei Sizilien			
Palermo, Kapelle	6	1	7
Margena, Burg			2

Hierbei fällt auf, dass es normalerweise wohl nicht üblich war, mehr als einen Priester pro Niederlassung einzusetzen. Eine Ausnahme bildet offensichtlich nur Padua und möglicherweise auch Venedig, was aber durch die Bezeichnung „Kapelle" auf gewisse Seelsorgsverpflichtungen hinweisen könnte. Nur zwei, möglicherweise auch drei von ihnen befanden sich auf einem Einzelposten[23].

[23] Kurt Forstreuter, Der Deutsche Orden am Mittelmeer, Bad Godesberg 1967, S. 213

Schon wenige Jahre später, nämlich 1451, finden wir eine leichte Verschiebung. Es gibt nun nur noch einen Priesterbruder auf Einzelposten, dafür aber nun drei Niederlassungen, welche mit zwei Priesterbrüdern bestückt sind, während andere gar keinen mehr haben.

Niederlassung	**Ritter**	**Priester**	**Konvent**
Ballei Lombardei[24]			
Brixeney, Burg	1	1	2
Astian	2		2
Venedig	1	2	3
Padua	1		1
Bologna	1	1	2
Ballei Apulien[25]			
San Leonardo	2	1	3
Barletta, St. Thomas	1	1	2
Brindisi		2	2
Bari		1	1
Ballei Sizilien[26]			
Palermo	2	2	4
"Resalem"	1		1
Margana	1		1
Messina	1		1

[24] Kurt Forstreuter, Der Deutsche Orden am Mittelmeer, Bad Godesberg 1967, S. 154
[25] Kurt Forstreuter, Der Deutsche Orden am Mittelmeer, Bad Godesberg 1967, S. 132
[26] Kurt Forstreuter, Der Deutsche Orden am Mittelmeer, Bad Godesberg 1967, S. 119

Spätere Zahlen finden wir nur noch in der Ballei Lombardei für das Jahr 1493, die uns jedoch den enormen Rückgang an Ordensbrüdern in Italien verdeutlichen.

Niederlassung	Ritter	Priester	Konvent
Ballei Lombardei[27]			
Brixeney, Burg	1	1	2
Venedig	1	1	2
Padua	1		1
Bologna	1	1	2

Deutlich können wir hier noch das Bemühen zur Aufrechterhaltung kleiner Gemeinschaften erkennen, wobei der Priesterbruder jedoch ausdrücklich die Rolle eines Hauskaplans übernahm, welcher für gewöhnlich mit „Don" bezeichnet wurde. Im übrigen finden wir in Don Alexandro, der die Kaplansstelle in Bologna versah, erstmals einen Italiener[28]. Doch war er nicht der einzige[29].

In den Visitationsberichten des 15. Jahrhunderts finden wir dann auch endlich erhellende Zahlen zu den Konventszusammenstellungen in Preußen. Diese überliefern uns nicht nur die Zahlen der Priesterbrüder, sondern auch Angaben zum Vollzuge des geistlichen Lebens.

So befanden sich nach den Visitationsberichten von 1442 bis 1446 in den Konventen folgende Anzahl an Priesterbrüdern:

1 Priesterbruder: Roghusen, Brathean, Golau, Schönsee, Papau, Aldehus

2 Priesterbrüder: Strosberg, Thorn[30]

---

[27] Kurt Forstreuter, Der Deutsche Orden am Mittelmeer, Bad Godesberg 1967, S. 155

[28] Kurt Forstreuter, Der Deutsche Orden am Mittelmeer, Bad Godesberg 1967, S. 155

[29] Johann Rainer, Die Apostolische Visitation des Deutschordenspriorates SS. Trinita in Venedig im Jahr 1581, in: Udo Arnold, Von Akkon bis Wien. Studien zur Deutschordensgeschichte vom 13. bis zum 20. Jahrhundert., Marburg 1978, S. 222

[30] Marian Biskup, Irena Janosz-Biskupowa, Visitationen im Deutschen Orden im Mittelalter 1236-1449, Marburg 2002, S. 197-201

Kommende	Mitglieder	davon Priester
Schönsee[31]	3	1
Rheden[32]	10	2
Elbing[33]	50	3
Königsberg[34]	49	
Osterode[35]	12	
Strasburg[36]	10	2
Danzig[37]	38	4
Brandenburg[38]	37	3

Wo aber, so muss man sich fragen, waren die ganzen Priesterbrüder des 15. und 16. Jahrhunderts? Denn ihre Zahl in den Kommenden war doch eher gering. Schauen wir im Jahre 1513 auf die Ballei Franken. Hier lebten in diesem Jahr von 140 Priesterbrüdern der Ballei 99 in 26 Kommenden. Eine Kommende mit 10 Priesterbrüdern, sechs Kommenden mit sechs Priesterbrüdern, sieben Kommenden mit vier Priesterbrüdern, zwei Kommenden mit drei Priesterbrüdern, neun Kommenden mit zwei Priesterbrüdern und eine Kommende mit einem Priesterbruder. 41 Priesterbrüder waren aber als Pfarrer in den Patronatskirchen der Ballei tätig[39].

Mit der Reformation erlahmte das Konventleben dann endgültig. Zwar verlor der Orden viele seiner Pfarreien, aber er verlor noch mehr seiner Priester. Nach und nach mussten die in den Kommenden lebenden Priester auf die Pfarreien aufgeteilt werden, damit

[31] Marian Biskup, Irena Janosz-Biskupowa, Visitationen im Deutschen Orden im Mittelalter 1236-1449, Marburg 2002, S. 210
[32] Marian Biskup, Irena Janosz-Biskupowa, Visitationen im Deutschen Orden im Mittelalter 1236-1449, Marburg 2002, S. 221
[33] Marian Biskup, Irena Janosz-Biskupowa, Visitationen im Deutschen Orden im Mittelalter 1236-1449, Marburg 2002, S. 250-252
[34] Marian Biskup, Irena Janosz-Biskupowa, Visitationen im Deutschen Orden im Mittelalter 1236-1449, Marburg 2002, S. 2258-259
[35] Marian Biskup, Irena Janosz-Biskupowa, Visitationen im Deutschen Orden im Mittelalter 1236-1449, Marburg 2002, S. 264
[36] Marian Biskup, Irena Janosz-Biskupowa, Visitationen im Deutschen Orden im Mittelalter 1236-1449, Marburg 2002, S. 276-277
[37] Marian Biskup, Irena Janosz-Biskupowa, Visitationen im Deutschen Orden im Mittelalter 1236-1449, Marburg 2002, S. 277-278
[38] Marian Biskup, Irena Janosz-Biskupowa, Visitationen im Deutschen Orden im Mittelalter 1236-1449, Marburg 2002, S. 303-304
[39] Josef Hopfenzitz, Kommende Oettingen Deutschen Ordens (1242-1805). Recht und Wirtschaft im territorialen Spannungsfeld., Bad Godesberg 1975, S. 228

diese überhaupt noch besetzt werden konnten. Lag die Zahl der Ordenspriester bis dahin noch über der der Pfarreien, so besaß der Orden nun binnen kürzester Zeit mehr Pfarreien und Benefizien als Priester. Die Pfarrkommende Münnerstadt bietet hierfür ein gutes Beispiel. Schon 1525 war die Ballei nicht mehr in der Lage die fünf an der Pfarrkirche befindlichen Pfründen (1 Pfarrer, 2 Kapläne, 1 Schulmeister, 1 Altarist) zu besetzen und konnte mit größter Kraftanstrengung lediglich noch den Pfarrer und den Altaristen stellen[40]. Münnerstadt war hierbei noch eine der großen Pfarreien, das Gros der Ordenspfarreien bildeten kleine Landpfarreien. Unter diesen Umständen verschwand der Typus des Konventspriesters rasch und ging fließend in den eines „Einzelpriesters“ über. Dies muss so rasant geschehen sein, dass man 1606, als man in Mergentheim erneut einen Konvent installieren wollte, mit diesem Begriff schon nichts mehr anzufangen wusste und einen solchen auch in den nächsten Jahren nicht mehr durchsetzten konnte[41]. Erst mit der Errichtung eines Priesterseminars gelang es eine Art von Gemeinschaftsleben ins Leben zu rufen. Der einzige überlebende Konvent des Ordens befand sich in der zur Ballei Aldenbiesen gehörenden Kommende Neuenbiesen zu Maastricht. Noch bis ins 16. Jahrhundert als Noviziat für Ritter- und Priesterbrüder genutzt, sind erstere im 17. Jahrhundert bereits gänzlich verschwunden, so dass wir hier seit dieser Zeit noch ein halbes Duzend Priesterbrüder und Priesternovizen finden.

4. Stellung im Orden

Wenn wir nach der Stellung der Priesterbrüder im Orden fragen, so müssen wir auch seine Wandlung im laufe der Jahrhunderte berücksichtigen. So gab es in den ersten Jahrhunderten des Ordens eine fünfstufige Hierarchie, wobei die Priesterbrüder bereits an zweiter Stelle standen, also in der Ordenshierarchie recht hoch. Diese Stufung sah wie folgt aus:

1. Ritterbrüder
2. Priesterbrüder

[40] Ekhard Schöffler, Die Deutschordenskommende Münnerstadt. Untersuchungen zur Besitz-, Wirtschafts- und Personalgeschichte., Marburg 1991, S. 26

[41] Ulrich Gasser, Die Priesterkonvente des Deutschen Ordens. Peter Riegler und ihre Wiedererrichtung 1854-1897, Bad Godesberg 1973, S. 7-8

3. Sariantbrüder[42]
4. Halbbrüder oder auch dienende Brüder
5. Schwestern

Warum die Priesterbrüder schon an zweiter Stelle stehen, geht aus der Regel selbst hervor, die da sagt: Priester und Klerikerbrüder müssen in Ehren gehalten und mit dem Notwendigen vor den anderen versorgt werden, wie es die Heiligkeit ihrer Weihe ... erfordern. Man nimmt bei ihnen also ausdrücklich Rücksicht auf den Klerikerstand. Hierdurch blieben ihnen zwar im Orden keine Disziplinarstrafen erspart, doch im Gegensatz zu den anderen Brüdern brauchten sie diese nicht öffentlich zu empfangen. Gleichzeitig unterstanden sie lediglich dem Meister und dem Kapitel, hatten jedoch keine besonderen Rechte und wurden als solches den Ritterbrüdern in Speise und Trank gleichgestellt[43].

Von Interesse ist noch, dass ihre Anrede in den Konventslisten der Mitte des 15. Jahrhunderts stets „Herr ...“ war. Während man bei den Ritterbrüdern Vor- und Zuname nannte, manchmal auch nur den Zunamen, beschränkte man sich bei den Priesterbrüdern auf den Vornamen. Erläuternd steht dann noch dahinter die Bezeichnung Priesterbruder oder Priesterherr[44]. Hiermit heben sie sich deutlich von den Mendikantenorden ab und stehen auf einer Ebene mit den Regularkanonikern. Selten und fast Ausschließlich innerhalb der Ballei Böhmen finden wir die Bezeichnung „Bruder ...“. Sie wurde hier durchgängig für alle Ordensmitglieder, ob Ritter oder Priester, genutzt[45].

Es kann nicht geleugnet werden, dass sich die Stellung der Priesterbrüder mit den Jahrhunderten, besonders seit der Reformation, verschlechterte. Mit dem Verschwinden von Schwestern, Halb- und Sariantbrüder, fielen auch die Priesterbrüder in der Hierarchie. Dies verwundert nicht. Standen sie in einer Hierarchieliste von fünf Stufen

[42] Sariantbrüder, auch Graumäntler genannt, waren die Diener und Begleiter der Riterbrüder. (Jozef Mertens, De onderwijspolitiek van de Landcommandeurs Reuschenberg (+ 1603) en Amstenrade (+ 1634) in de Balije Biesen, Provincie van de Duitse Orde., Brussel 2002, S. 7)
[43] Marjan Tumler, Der Deutsche Orden im Werden, Wachsen und Wirken bis 1400 mit einem Abriß der Geschichte des Ordens von 1400 bis zur neuesten Zeit, Wien 1954, S. 380-381
[44] vgl. Marian Biskup, Irena Janosz-Biskupowa, Visitationen im Deutschen Orden im Mittelalter 1236-1449, Marburg 2002, S. 251, 278
[45] vgl. Josef Hemmerle, Die Deutschordens-Ballei Böhmen in ihren Rechnungsbüchern 1385-1411, Bad Godesberg 1967

an Platz zwei, so standen sie nun, da die drei unter ihnen gelegenen Schichten erloschen waren, mit Platz zwei an letzter Stelle. Mit dem Zerfall der Konvente verloren sie auch ihren Einfluss im Orden, da sie nur durch diese in die organisatorische Struktur des Ordens eingebunden waren. Dies wird um so deutlicher, da man nach der Reformation keine Priesterbrüder als Komturen mehr findet und sie endlich auch in den Ordenssatzungen von 1606 von jeglichem Mitspracherecht bei den Wahlen des Ordensoberhauptes ausschloss[46].

5. Aufnahme von Ordenspriestern

Nachdem wir bereits über die Anzahl und Stellung der Priester im Deutschen Orden gesprochen haben, wollen wir uns nun der Frage nach der Aufnahme in den Orden zuwenden.

5.1 Privilegien zur Aufnahme von Priestern

Bereits Papst Honorius III. gestattete dem Orden die Aufnahme eigener Priester, welche nicht adliger Herkunft sein mussten[47] und diese mit der Verwaltung der Sakramente zu betrauen. Sie wurden nach einer einjährigen Probezeit zur Profess zugelassen und waren dem Meister gegenüber zum Gehorsam verpflichtet. Sie waren hiermit Vollmitglieder der Gemeinschaft, auch wenn sie keinerlei Anrecht auf eine Teilhabe an der Ordensleitung besaßen. Schon 1257 hob Papst Alexander IV. das Probejahr auf, so das man die Priester sogleich zur Profess zulassen konnte[48]. Wir wissen nicht, wie es zu diesem Privileg kam, möglicherweise herrschte zu diesem Zeitpunkt ein starker Priestermangel im Deutschen Orden. Ob dies jedoch zur faktischen Umsetzung des Privileges von 1257 führte wissen wir nicht, denn seine Anwendung ist uns nicht bekannt.

5.2 Herkunft

Viel können wir nicht zur Herkunft der Priesterbrüder feststellen. Finden wir noch in der vorreformatorischen Zeit zahlreiche Priesterbrüder aus dem Ministerialadel, so

[46] Ewald Volgger, Die Priester im Deutschen Orden, in: Heinz Noflatscher, Der Deutsche Orden in Tirol, Bozen 1991, S. 61

[47] Es gab jedoch zumindest im Mittelalter auch noch Priesterbrüder aus Ministerialen- und Patriziergeschlechtern. (vgl. Peter Heim, Die Deutschordenskommende Beuggen, S. 51)

[48] Ewald Volgger, Die Priester im Deutschen Orden, in: Heinz Noflatscher, Der Deutsche Orden in Tirol, Bozen 1991, S. 46-47

verschwinden diese in der nachreformatorischen Zeit gänzlich. Oftmals aus Orten mit Ordensniederlassungen stammend[49], befanden sich im Verlauf des Mittelalters möglicherweise bereits viele der Priesterbrüder als Scholaren in der Obhut des Ordens, so dass sie in den Konventen auf- und damit in den Orden hineinwuchsen. Eine Möglichkeit, welche mit dem Wegfall der Konvente und dem Schrumpfen der Priesterzahl im Orden ein Ende fand. Traten im späten Mittelalter immer wieder bereits geweihte Priester in den Orden ein, vor allem wenn sie vorher in seinem Dienst gestanden haben, so wurde dies für die kommenden Jahrhunderte der gebräuchliche Weg zum Ordenseintritt. Dies hatte natürlich nicht nur Folgen für das Eintrittsalter, sondern auch für das Priesterbild des Ordens. Kamen diese Personen doch bereits als reife Männer, so das sie ihre Bildung und damit Formung außerhalb des Ordens erfahren haben. Ein typisches Bild hierfür ist Thomas Vaes OT, der 1683 zum Priester geweiht wurde und im folgenden Jahr dem Orden beitrat. An Vaes können wir im Übrigen auch erkennen, dass es „Ordensfamilien" nicht nur unter den Rittern, sondern auch unter den Priestern gegeben hat. Waren doch mehrere Verwandte von ihm Ordensmitglieder, so wie auch der zeitgleich lebende Edmond Gottfried Vaes OT[50].

Was die soziale Herkunft der Ordenspriester angeht, so lässt sich leider mangels Untersuchungen kaum etwas sagen und möglicherweise waren diese auch regional unterschiedlich. Für das späte Mittelalter lassen sich wohl die meisten Priesterbrüder auf eine städtische Herkunft zurückführen. Doch auch kleinere Ortschaften in der Nähe verschiedener Kommenden und dem Orden inkorporierter Pfarreien sind ausfindig zu machen. So war Hermann Grebe OT der Sohn eines Marburger Bürgermeisters und Heidenreich Seelheimer OT brachte bei seinem Eintritt in Haus mit in den Orden.[51] Im 17. und 18. Jahrhundert ist es für die Balleien Aldenbiesen, Westfalen, Koblenz und Trier nicht unwahrscheinlich die Ergebnisse des Thomas Paul Becker für den Weltklerus des Ahrgau zu übernehmen. Hier entstammten die meisten Pfarrer größeren

[49] vgl. Katharina Schaal, Das Deutschordenshaus Marburg in der Reformationszeit. Der Säkularisierungsversuch und das Inventar von 1543., Marburg 1996, S. 406-462

[50] L. de Ren, Lizentiatsthesis des Edmond Godfried Vaes, in: Ritter und Priester. Acht Jahrhunderte Deutscher Orden in Nordwesteuropa. (Ausstellung der Landkommanderij Alden Biesen), Alden Biesen 1992, S. 133

[51] Katharina Schaal, Das Deutschordenshaus Marburg in der Reformationszeit. Der Säkularisierungsversuch und das Inventar von 1543., Marburg 1996, S. 315

und kleineren Städten[52]. Ihre Familien waren zumeist in der bürgerlichen Besitzschicht beheimatet, also Handwerker und kleinere Gewerbebetreibende. Die vom Land stammenden gehörten der Schicht der Großbauern und Pächter an, selten aber nur zur Schicht der selbständigen Bauern mit kleineren Hofstellen[53].

5.3 Ordenseintritt

Über die Ordenseintritte der Priesterbrüder in der vorreformatorischen Zeit ist uns leider nicht viel bekannt. Möglicherweise traten sie bereits als Schüler in den Orden ein, so wie die drei in Eger erwähnten Schülerbrüder[54]. Nicht unüblich war auch der Ordenseintritt nach bereits empfangenen Weihen, also in schon fortgeschrittenem Alter. Dies war z. B. für die Scholaren der preußischen Domkapitel, welche dem Orden inkorporiert waren, üblich. Während man in Preußen wohl üblicherweise erst nach der Weihe in den Orden eintrat[55], trat man im Reich wohl zumeist vor dem Empfang der Weihe in den Orden ein, wie uns u. a. die Rechnungen der hessischen Ballei belegen. Denn hier wurden sie mit einem Betrag ausgestattet und in den nächsten Ort gesandt, an welchem sich gerade ein Bischof aufhielt, um sich von diesem weihen zu lassen[56]. Trat ein bereits geweiht Priester in den Orden ein, so stand er häufig vorher in den Diensten des Ordens. Dies muss jedoch nicht unbedingt der Fall gewesen sein, wie wir bei Tili von Kulm OT sehen, der um 1328 bereits Domherr von Ermland war und später in den Deutschen Orden eintrat, wo wir ihn dann 1352/53 im samländischen Domkapitel vorfinden[57]. In der nachreformatorischen Zeit änderte es sich in so fern, als dass die Priesterbrüder nun stets erst nach ihrer Weihe in den Orden eintraten. Hierbei lagen zwischen der Weihe und dem Eintritt oftmals viele Jahre, auch wenn sie bereits Alumne des Ordensseminares gewesen waren. Somit hat der Deutsche Orden ein erstaunlich hohes Eintrittsalter bei den Priesterbrüdern zu verbuchen, von denen mit Abstand die meisten das 30. Lebensjahr bereits überschritten hatten und viele auch bereits jenseits

---

[52] Thomas Paul Becker, Konfessionalisierung in Kurköln. Untersuchungen zur Durchsetzung der katholischen Reform in den Dekanaten Ahrgau und Bonn anhand von Visitationsprotokollen 1583-1761., Bonn 1989, S. 79

[53] Thomas Paul Becker, Konfessionalisierung in Kurköln. Untersuchungen zur Durchsetzung der katholischen Reform in den Dekanaten Ahrgau und Bonn anhand von Visitationsprotokollen 1583-1761., Bonn 1989, S. 81

[54] Bernhard Sommerlad, Der Deutsche Orden in Thüringen, Halle 1931, S. 93

[55] Ewald Volgger, Die Priester im Deutschen Orden, in: Heinz Noflatscher, Der Deutsche Orden in Tirol, Bozen 1991, S. 52

[56] vgl. Katharina Schaal, Das Deutschordenshaus Marburg in der Reformationszeit. Der Säkularisierungsversuch und das Inventar von 1543., Marburg 1996, S 406-472

[57] Udo Arnold, Tilo von Kulm: Von sieben ingesigelen.; in: 800 Jahre Deutscher Orden (Ausstellungskatalog), Gütersloh/München 1990, S. 100

der 40 waren. Bei einem durchschnittlichen Weihealter von 25 Jahren, dürften die meisten von ihnen also bereits wenigstens seit 10 Jahren die Weihen empfangen haben. Von den 18 im 18. Jahrhundert in Frankfurt tätigen Priesterbrüdern waren bei ihrem Ordenseintritt drei unter 30, neun zwischen 30 und 39, fünf zwischen 40 und 44 und einer gar bereits 51 Jahre alt gewesen. Sieben von ihnen waren also noch keine zehn Jahre Priester, zehn zwischen 10 und 17 Jahren und einer bereits seit 28 Jahren[58]. Ähnlich lag es auch in der Ballei an der Etsch und im Gebirge. Von den 25 Eintritten dieses Zeitraums, von welchen wir das Alter kennen, lag einer unter 24 Jahren, sieben zwischen 25 und 29, drei zwischen 30 und 34, neun zwischen 35 und 39 und fünf zwischen 40 und 44 Jahren[59]. Vergleichen wir diese beiden Resultate, so fällt ins Auge, dass in beiden Balleien die Hälfte aller Eintritte zwischen dem 30. und 39. Lebensjahr geschahen, was sicherlich für den Orden repräsentativ ist, da der Einzutretende ja die Priesterweihe bereits empfangen haben musste.

Über den Verlauf des Noviziates sind wir in der Ballei Alden Biesen recht gut unterrichtet, welches seinen Noviziatssitz in Maastricht unterhielt. Hier war stets der Sakristan, also der Obere des Hauses, als Novizenmeister tätig. Wie allen Klerikern, so war auch den Novizen der Besuch eines Wirtshauses untersagt. Hatten sie überhaupt Ausgang, dann nur mit Erlaubnis des Novizenmeisters und auch dann nur bis 20.00 Uhr. Vielmehr war der Tag mit Gebet und theologischen und humanistischen Studien ausgefüllt. Während der gemeinsamen Mahlzeiten hatten sie die Tischlesung zu halten und zudem die Scholaren zu beaufsichtigen. Auch erhielten sie, im Gegensatz zu den Professen, kein Gehalt, sondern lediglich ein wöchentliches Sachgeld, welches der Kirchenkollekte entnommen wurde[60].

5.4 Die Aufnahme in den Orden

Über die ursprüngliche Art und Weise der Ordensaufnahme können wir nicht viel sagen. Doch wird sie sich sicherlich nicht viel von der späteren unterschieden haben, da zum Eintritt ja die Erlaubnis des Oberen vonnöten war. Das Noviziatsjahr wird der Neuling dann sicherlich in einem der großen Häuser seiner Ballei verbracht haben, wo er unter der Aufsicht eines Novizenmeisters stand. Detailliertere Angaben finden wir

[58] Die Daten stammen aus: Jörg Seiler, Der Deutsche Orden in Frankfurt, Marburg 2003, S. 543-652
[59] Erika Kustatscher, Die Deutschordenspfarre Sarntheim, Marburg 1996, S. 561-588
[60] Michiel Van Der Eycken, Het dagelijks Leven, in: Nieuwen Biesen in Alden Biesen. 5 eeuwen Duitse Orde in Maastricht., Maastricht 1989, S. 71

erst für das 18. Jahrhundert. Hier sandte der Aspirant ein Aufnahmegesuch an den Landkomtur, in dessen Ballei er aufgenommen zu werden wünschte. Doch war dies nicht unbedingt vonnöten, denn er konnte dasselbe auch gleich an den Hochmeister senden, welcher es aber dann für gewöhnlich an den zuständigen Landkomtur weiterleitete. Das besagte Gesuch wurde dann beim nächsten Provinzkapitel allen Kapitularen zur Begutachtung vorgelegt oder aber bereits vorher im Schnellverfahren als Zirkularschreiben den Kapitularen zugesandt. War dies geschehen, so erhielt der Hochmeister durch das Kapitelsprotokoll oder aber durch einen Brief des Landkomturs davon Kenntnis. Bevor der Aspirant dann zum Noviziat zugelassen wurde, wurden Auskünfte über die Eigenschaften, den Charakter und die Sitten desselben eingeholt. War dies geschehen und das Aufnahmegesuch durch Ballei und Hochmeister positiv beantwortet, begann das Noviziat mit Exerzitien, so wie es auch damit endete[61]. Das Noviziat scheint eher als eine Formsache betrachtet worden zu sein, wenn man bedenkt, dass 1742 der Novize Sebastian Franz Lippert OT als Pfarrer in der Ordenspfarrei Ober-Mörlen tätig war und sein Novizenmeister als Kommendenpfarrer in Frankfurt lebte[62]. Dies war keine Ausnahme. Man bemühte sich zwar um einen Novizenmeister in der Nähe, doch können wir feststellen, dass die meisten Novizen dem Orden bereits wohlbekannt waren, da sie entweder das Ordensseminar besucht hatten oder bereits in einer Ordenspfarrei tätig waren. War das Noviziatsjahr erfolgreich absolviert worden, so erhielt der Novize die Zustimmung zur Ablegung der feierlichen Profess, sowie Tag und Ort der Gelübdeablegung mitgeteilt[63]. Was den Wert der Noviziatsausbildung angeht, so muss man leider feststellen, dass diese kaum einen besaß. Hören wir doch bei den Visitationen immer wieder, dass den Ordensmitgliedern, wie z. B. Thomas Schen OT im Jahre 1603, die Ordensstatuten kaum bekannt waren[64]. Was die Professfeier betrifft, so mussten die Priesterbrüder, gleich den Ritterbrüdern, die Kosten für die Feierlichkeiten selbst tragen. Dies waren keine Kleinigkeiten, hatte doch das Ganze einen festlichen Charakter und wurde mit Mitbrüdern, Freunden, Verwandten und Bekannten begangen. Die Kosten für diesen Aufwand scheinen oftmals so hoch gewesen zu sein, dass die Schulden bis zum Tode nicht beglichen werden konnten.

---

[61] Bernhard Demel, Das Priesterseminar des Deutschen Orden zu Mergentheim, Bad Godesberg 1972, S. 198

[62] Jörg Seiler, Der Deutsche Orden in Frankfurt, Marburg 2003, S. 141

[63] Bernhard Demel, Das Priesterseminar des Deutschen Orden zu Mergentheim, Bad Godesberg 1972, S. 198

[64] W. Jacobs, Kelchfuß mit Reliquiar-Aufsatz, in: Ritter und Priester. Acht Jahrhunderte Deutscher Orden in Nordwesteuropa. (Ausstellung der Landkommanderij Alden Biesen), Alden Biesen 1992, S. 136

Aufgrund zahlreicher böser Überraschungen aus dem Nachlass der Priesterbrüder, deren Schulden sich eindeutig auf ihre Profess zurückführen ließen, erließ der Landkomtur von Aldenbiesen, Frans Johan von Reischach, am 21. Februar 1788 eindeutige Vorschriften zur Regelung der Professfeier[65].

Zu zahlen hatte man jedoch nicht nur die Kosten für die Mahlzeit, welche 1603 mit 30 Gl veranschlagt wurden, sondern auch noch das Eintrittsgeld. Dieses scheint sich jedoch nach den finanziellen Verhältnissen des Aspiranten gerichtet zu haben. Dies können wir gut an Johann Cassel OT und Johann Berwick OT erkennen, welche beide im Jahre 1507 in Marburg in den Orden eintraten und von denen Berwick 70 fl an Eintrittsgebühr aufbrachte, während Cassel lediglich 20 fl zahlte[66]. Wichtiger als ein Eintrittsgeld war jedoch die eheliche Geburt des Aspiranten[67]. Sehen wir eine Flexibilität in der Handhabung der Eintrittsgebühren, fehlte sie in diesem Punkt gänzlich.

5.5 Ausbildung der Priester

Wenn uns auch nichts ausdrückliches über den bildungsmäßigen Werdegang der Priesterbrüder des Deutschen Ordens in der frühen Zeit, so dürfen wir doch annehmen, dass diese im Orden selbst geschah. Es waren vermutlich jene Scholaren, welche uns in der vorreformatorischen Zeit immer wieder begegnen. Einen Schwerpunkt legte man bei diesen wohl auf Lesen, Schreiben, Latein und Choralgesang, also das Grundrüstzeug für den priesterlichen Dienst jener Zeit[68]. Weiterhin konnten ihnen die Oberen auch ein Studium an einer Universität gestatten[69]. In welchem Umfang dieses geschehen ist wissen wir allerdings nicht. Doch wird die Zahl nicht allzu gering angesetzt werden dürfen, zumal wir wissen, dass es bereits früh recht viele Akademiker unter den Priesterbrüdern gab, so das Papst Urban VI. ihnen 1386 die Gründungsbulle zu einer

[65] M. van der Eycken, Vorschriften des Landkomturs Reischach zur Profeß der Ordenspriester, in: Ritter und Priester. Acht Jahrhunderte Deutscher Orden in Nordwesteuropa. (Ausstellung der Landkommanderij Alden Biesen), Alden Biesen 1992, S. 200

[66] Katharina Schaal, Das Deutschordenshaus Marburg in der Reformationszeit. Der Säkularisierungsversuch und das Inventar von 1543., Marburg 1996, S 317

[67] Peter Heim, Die Deutschordenskommende Beuggen und die Anfänge der Ballei Elsass-Burgund, Bad Godesberg 1977, S. 50

[68] Marian Biskup, Irena Janosz-Biskupowa, Visitationen im Deutschen Orden im Mittelalter 1236-1449, Marburg 2002, S. 197-201

[69] Ewald Volgger, Die Priester im Deutschen Orden, in: Heinz Noflatscher, Der Deutsche Orden in Tirol, Bozen 1991, S. 49

eigenen Universität in Kulm übergab[70]. Wenn auch die später zum Orden gestoßenen Priester ihre Ausbildung nicht unter Aufsicht des Ordens genossen haben, so legte man doch einen gewissen Wert auf die selbständige Durchführung derselben, so das es auch in späteren Jahren immer wieder innerhalb des Ordens schulische Stiftungen gab. In Köln errichtete der Landkomtur von Aldenbiesen, Heinrich von Reuschenberg, 1572 zwölf Studienplätze an der Bursa Laurentiana, dies aber vor allem da er den Wert des Erhaltes und der Erneuerung der Ordenspriester erkannte. Hierzu kam 1587 noch ein Gymnasium in Gemert und 1593 die Kommende Jungenbiesen in Köln, welche als Aufenthaltsort junger Ritter- und Priesterbrüder dienen sollte, die an der hiesigen Universität Jura oder Theologie studieren wollten. 1617 erwarb die Ballei Aldenbiesen noch ein weiteres Haus in Leuven, das Deutsche Kolleg, in welchem 12 Studienplätze für die Universität eingerichtet wurden. Alle Kandidaten, welche in das hiesige Haus eintreten wollten, wurden auch zum Eintritt in den Orden verpflichtet oder sie hatten die entstanden Kosten zu tragen. Auch in Altshausen wurde ein kleines Seminar, hier nach dem Vorbild von Mergentheim, eingerichtet[71]. Doch zur Bildung der Priesterbrüder zurück. Leider finden wir generell kaum Angaben zu Studienfächern und –orten. Hören wir im späten Mittelalter über die dem Orden inkorporierten preußischen Domherren, deren Bildungsstand beachtlich gewesen sein muss, das sie ihre Ausbildungsstätten bevorzugt in Prag und Leipzig, jedoch auch Paris, Bologna und anderen Universitätsstädten fanden, für das Reich scheint auch Erfurt beliebt gewesen zu sein[72]. so hüllen sich die Angaben zu den übrigen Priesterbrüdern doch in Schweigen. Dies mag daran liegen, dass sie eine eben für den Klerus durchschnittliche Bildung besaßen, welche keiner besonderen Erwähnung bedürft hätten. Womöglich erlangten sie das nötige Wissen als Scholar eines Konventes. Doch auch noch im 18. Jahrhundert sind die Angaben auf den Studienverlauf lediglich auf Kurznotizen wie Philosophie, Moraltheologie, beide Rechte oder Theologie und Studienorte wie Fulda, Mainz, Würzburg[73] und Leuven beschränkt[74]. Man muss eben davon ausgehen, dass die Priesterbrüder und ihr Werdegang in einer Adelskorporation keine sonderliche Rolle

[70] Ewald Volgger, Die Priester im Deutschen Orden, in: Heinz Noflatscher, Der Deutsche Orden in Tirol, Bozen 1991, S. 53

[71] H. Hartmann, Der Deutsche Orden 1600-1809, in: Ritter und Priester. Acht Jahrhunderte Deutscher Orden in Nordwesteuropa. (Ausstellung der Landkommanderij Alden Biesen), Alden Biesen 1992, S. 105

[72] Ewald Vollger, Die Priester im Deutschen Orden, in: Heinz Noflatscher, Der Deutsche Orden in Tirol, Bozen 1991, S. 52

[73] Jörg Seiler, Der Deutsche Orden in Frankfurt, Marburg 2003, S. 552-553

[74] L. de Ren, Lizentiatsthesis des Edmond Godfried Vaes, in: Ritter und Priester. Acht Jahrhunderte Deutscher Orden in Nordwesteuropa. (Ausstellung der Landkommanderij Alden Biesen), Alden Biesen 1992, S. 133

spielten und ihre Erwähnung kaum für wichtig befunden wurden. Von wirklicher Bedeutung für die Priesterausbildung im Orden war einzig das Priesterseminar in Mergentheim, welches wir dann auch in einem eigenen Abschnitt betrachten wollen. Es sei jedoch im Nachhinein bemerkt, dass man das Bildungsniveau jedoch auch nicht gänzlich in den Boden stampfen darf, denn es gab auch promovierte unter den Deutschordenspriestern, so wie Dr. Johann Anton Venator OT[75] oder den Lizentiaten Edmond Godfried Vaes OT[76].

5.5.1 Priesterseminar zu Mergentheim

Die Treibende Kraft einer Seminargründung war der Frankener Landkomtur von Eck, dem die Einrichtung desselben dann auch 1607 in Mergentheim gelang[77]. Noch im ausgehenden 18. Jahrhundert stammten die hiesigen Alumnen zum größten Teil aus mittleren oder ärmeren Volksschichten. Sie mussten ihre Hochschulausbildung aus eigener Tasche zahlen und erhielten mit dem Eintritt ins Alumnat, ob nun als Priesterbruder oder Weltpriester, einen Tischtitel. Sie waren zu diesem Zeitpunkt also für gewöhnlich bereits Priester und erhielten nun eine Ausbildung in der qualifizierten Seelsorge auf einem Ordensbenefizium[78]. Doch wie sah dies nun alles praktisch aus? Um überhaupt in das Seminar aufgenommen zu werden benötigte der Bewerber die Zeugnisse ehelicher Geburt, über wissenschaftliche und charakterliche Eigenschaften, das Alter von 22 Jahren vorweisen, einen Abschluss in Philosophie und zwei Jahre Moraltheologie gehört haben, körperliche Gesundheit und die Prüfung der Priesterberufung durch Exerzitien und frei von Irregularien sein. Fand er sich bereit alle Seminaraufgaben zu erfüllen, also Chorgebet oder die Unterrichtung der Seminarknaben nach der Praxis der Jesuiten, so stand der Aufnahme nichts mehr im Wege. Erfüllte er dann alle Voraussetzungen zum Empfang der Maiores und verpflichtete er sich dem Orden acht bis zehn Jahre zu dienen, so erhielt er einen Tischtitel. Als Gegenleistung erhielt der Alumne jedoch im Seminar, wenn er denn aufgenommen wurde, Essen und kostenfreie Wohnung, ein Jahres Gehalt (12

[75] Ewald Volgger, Deutschordens-Bibel, in: Ritter und Priester. Acht Jahrhunderte Deutscher Orden in Nordwesteuropa. (Ausstellung der Landkommanderij Alden Biesen), Alden Biesen 1992, S. 224
[76] Ren, L. de: Lizentiatsthesis des Edmond Godfried Vaes, in: Ritter und Priester. Acht Jahrhunderte Deutscher Orden in Nordwesteuropa. (Ausstellung der Landkommanderij Alden Biesen), Alden Biesen 1992, S. 133
[77] Bernhard Demel, Das Priesterseminar des Deutschen Orden zu Mergentheim, Bad Godesberg 1972, S. 49
[78] Bernhard Demel, Das Priesterseminar des Deutschen Orden zu Mergentheim, Bad Godesberg 1972, S. 209-210

Reichstaler nach der Subdiakonenweihe und 50 nach der Priesterweihe), Erstattung der Reise und Ordinationskosten nach Würzburg, die Anschaffung von Brevier und Habit, die Primizkosten (jedoch nur wenn sie in Mergentheim gefeiert wurde) und die Seminarausbildung zur praktischen Seelsorge und Pflege des geistlichen Lebens. Ein Aufnahmegesuch ging jeweils an den Landkomtur und da die Plätze sehr gering waren, zumeist schon während des zweiten Studienjahres (manchmal auch schon im ersten) an der Hochschule. Seit 1719 gehörte zum Aufnahmeverfahren auch das Ablegen einer theologischen Prüfung[79]. Das Seminarleben war streng geregelt und begann morgens um 5.00 Uhr mit dem Läuten der Glocke. Der Tag teilte sich dann zwischen gemeinsamen Chorgebet und Studium auf und endete um 21.00 Uhr[80]. Doch beschränkte sich das Wirken nicht nur auf das Leben im Seminar. Vielmehr wurden die Alumnen gezielt zur Aushilfe in den umliegenden Pfarreien eingesetzt, wodurch gleichzeitig auch ihre praktischen Fähigkeiten beobachtet werden konnten[81].

5.5.2 Das Deutsche Kolleg in Löwen

Um die Ordenseigenen Pfarreien nicht an fremde Priester übergeben zu müssen, begründete der Landkomtur von Aldenbiesen 1617 das Deutsche Kolleg in Löwen. Hier wollte die Ballei künftigen Priesternachwuchs ausbilden, welcher an der Universität studieren sollte. Wer in das Kolleg eintreten wollte, benötigte hierfür die Genehmigung des Landkomturs. Nach Beendigung der Studien, so sah es die Ordnung vor, sollte der Kandidat in den Orden eintreten oder die Studiengebühren zurückbezahlen.

Die 12 Bursalen des Kolleges mussten sich als Kleriker kleiden, empfingen im ersten Jahr die Tonsur, im zweiten Jahr die Minores und in den folgenden Jahren die Subdiakonen-, Diakonen- und Priesterweihe. Während sie an der Universität studierten, vor allem Jurisprudenz und weniger Theologie, gab das Haus ihnen eine geistliche Formung. Das streng überwachte Leben sollte hier eine praktische Bildung erhalten. So lernte man nicht nur den Choralgesang, sondern unternahm unter Aufsicht des Präses auch seine ersten Predigtversuche[82].

[79] Bernhard Demel, Das Priesterseminar des Deutschen Orden zu Mergentheim, Bad Godesberg 1972, S. 212-214
[80] Bernhard Demel, Das Priesterseminar des Deutschen Orden zu Mergentheim, Bad Godesberg 1972, S. 218-219
[81] Bernhard Demel, Das Priesterseminar des Deutschen Orden zu Mergentheim, Bad Godesberg 1972, S. 223-224
[82] Jozef Mertens, De onderwijspolitiek van de Landcommandeurs Reuschenberg (+ 1603) en Amstenrade (+ 1634) in de Balije Biesen, Provincie van de Duitse Orde., Brussel 2002, S. 41-44

6. Lebensumstände

6.1 Einsatzort und Versetzbarkeit

Wie in anderen Orden, so konnten auch die Priesterbrüder des Deutschen Orden versetzt werden. Leider sind die Quellen der frühen Jahre, in Bezug auf Häufigkeit und Beweggründe leider sehr spärlich, so das wir eigentlich nur Priesterbrüder in leitenden Ordenspositionen finden können. Erst im 15. Jahrhundert erlangen wir über die Rechnungsbücher der Ballei Böhmen etwas Einsicht. Beobachten wir hier einige Namen kontinuierlich, so stellen wir eine rege Rotation fest. So verließ Niclas Weynknecht OT 1402 die Pfarrei Pilsen[83] und wurde Pfarrer in Komtau[84]. Kurz darauf muss er bereits nach Hosterlitz gewechselt haben[85], denn diese Pfarrei vertauschte er 1408 schon wieder mit der von Pilsen[86], von wo aus er 1411 nach Deutschbrod ging[87]. Ähnlich häufig finden wir den Wechsel auch bei anderen Priesterbrüdern dieser Ballei. Gehen wir davon aus, dass die Ballei in ihrer Versetzungshäufigkeit keine Sonderwege ging, so kann man sagen, dass man im Mittelalter durchaus häufiger seinen Einsatzort wechselte. Ab 1500 kennen wir dann auch die Versetzungen im Reich etwas besser. Diese wurden wohl gerne im Kapitel des Landmeisters besprochen und betrafen die Versetzung von einem Konvent in den anderen, die Beauftragung eines Konventpriesters mit einem Ordensamt, die Ernennungen eines Konventpriesters zum Pfarrer, die Versetzung von einer Pfarre auf eine andere[88] und die Versetzung von einer Pfarre in einen Konvent[89]. Doch konnte wohl auch der Landkomtur aus eigener Kraft heraus versetzen[90].

Wohin ein Priesterbruder versetzt wurde, dass hing wohl nicht zuletzt von einem freien Benefizium ab. Denn bereits sehr früh finden wir Hinweise darauf, dass ein

[83] Josef Hemmerle, Die Deutschordens-Ballei Böhmen in ihren Rechnungsbüchern 1385-1411, Bad Godesberg 1967, S. 100
[84] Josef Hemmerle, Die Deutschordens-Ballei Böhmen in ihren Rechnungsbüchern 1385-1411, Bad Godesberg 1967, S. 128
[85] Josef Hemmerle, Die Deutschordens-Ballei Böhmen in ihren Rechnungsbüchern 1385-1411, Bad Godesberg 1967, S. 140
[86] Josef Hemmerle, Die Deutschordens-Ballei Böhmen in ihren Rechnungsbüchern 1385-1411, Bad Godesberg 1967, S. 146
[87] vgl. Josef Hemmerle, Die Deutschordens-Ballei Böhmen in ihren Rechnungsbüchern 1385-1411, Bad Godesberg 1967, S. 152
[88] Marian Biskup (Hg.), Protokolle der Kapitel und Gespräche des Deutschen Ordens im Reich (1499-1525), Marburg 1991, S. 22
[89] Marian Biskup (Hg.), Protokolle der Kapitel und Gespräche des Deutschen Ordens im Reich (1499-1525), Marburg 1991, S. 30
[90] Hans Jürgen Dorn, Die Deutschordensballei Westfalen (Quellen und Studien zur Geschichte des Deutschen Ordens, Bd. 26), Marburg 1978, S. 9

Priesterbruder wohl nicht nur in einer Pfarrei ein Benefizieninhaber war, sondern auch in einer Kommende. Was wir nicht zuletzt in der Kommende Sachsenhausen erkennen, wo zur Erhöhung der Zahl der Priesterbrüder ein Altar gestiftet wurde[91]. Ob eine Versetzung aber stets mit dem Erhalt eines besseren Benefiziums verbunden war kann man nicht sagen. Wohl eher weniger. Auch hat nicht jeder Priesterbruder eine Pfarrei erhalten. Die Wahrscheinlichkeit einer Zuweisung und die Wartezeit auf eine solche Pfarrei hingen dann von der Anzahl der inkorporierten Pfarren der Ballei und der in der Ballei lebenden Priesterbrüder ab. Je mehr Pfarren eine Ballei hatte, desto wahrscheinlicher war eine Zuweisung und desto schneller konnte es geschehen. Hatte eine Ballei wenige Pfarrstellen, so wie die Ballei Westfalen, so konnte die Zuweisung lange auf sich warten lassen, was wir am Beispiel des Gerhard Kohus OT sehen können, der seit 1514 Konventuale in Münster war und erst 1533 in Duisburg eine Pfarrstelle erhielt[92].

Als nach der Reformation die Zahl der Priesterbrüder stark gesunken war, starb der Konventspriester schlichtweg aus. Wer nun in den Orden eintrat konnte sicher sein, dass er binnen kürzester Zeit ein Benefizium erhielt. Entweder als Kommendenkaplan, was nicht mehr wie ein Hausgeistlicher war, der auch auf der Kommende seinen eigenen Haushalt führte, oder als Pfarrer. Doch ging es auch jetzt noch nicht unbedingt zügiger voran. Denn immer noch war es eine Frage von Pfarrei- und Priesterzahl innerhalb einer Ballei. Dies können wir an Thomas Vaes OT erkennen. Mitglied der Ballei Aldenbiesen, lebte er seit 1684 im Priesterkonvent Jungenbiesen zu Maastricht und kam erst 1693 zu einer eigenen Pfarrstelle, welche er dann freilich bis zu seinem Tode (1726) innehatte[93]. Da half es auch nicht, wenn man bereits als Pfarrer einer ordenseigenen Pfarrei in den Orden eintrat. Denn, für gewöhnlich wurde man von dort erst einmal abberufen und durchlief das Noviziat. Erst nach der Profess kam es dann zur Zuweisung einer neuen Pfründe.

War es eine Frage der Zahlenkombination von Ordenspfarren und Ordenspriestern der Ballei um eine Pfarrstelle zu erhalten, so war dies mit der Versetzung von einer Stelle

---

91

92 Dorn, Hans Jürgen: Die Deutschordensballei Westfalen (Quellen und Studien zur Geschichte des Deutschen Ordens, Bd. 26), Marburg 1978, S. 219

93 L. de Ren, Lizentiatsthesis des Edmond Godfried Vaes, in: Ritter und Priester. Acht Jahrhunderte Deutscher Orden in Nordwesteuropa. (Ausstellung der Landkommanderij Alden Biesen), Alden Biesen 1992, S. 133

auf eine andere ebenso. Nun kam jedoch noch, und das ist für die nachreformatorische Zeit gesichert, die Ancietät hinzu. Wie die Ritter von einer Kommende zur besseren aufstiegen, so stiegen auch der Priesterbruder von einem Benefizium zu einem besseren auf. War man nicht in der Pfarrseelsorge beschäftigt, sondern in der Verwaltung, so erhielt man entsprechende Altäre[94]. Schiebereien sind jedoch nicht ganz von der Hand zu weisen, war es doch durchaus möglich sich um eine Stelle zu bewerben[95].

Wie unterschiedlich die Versetzungshäufigkeit hierbei sein konnte, zeigen verschiedene Beispiele. So war Georg Wunder OT aus der Ballei Franken ab 1630 Kaplan in Mergentheim, Pfarrer in Neukirchen und Altshausen, von 1636 bis 1650 dann Pfarrer in Nürnberg, dann ein Jahr Kommendenkaplan in Ulm und von 1652 bis 1656 noch einmal Pfarrer in Kirchhausen und Boxberg[96]. In den ersten sechs Jahren wechselte er seine Stelle also alle zwei Jahre, bis er dann für 14 Pfarrer in Nürnberg wurde. Nach einem Jahr als Kommendenkaplan, hatte er noch einmal zwei Pfarrstellen für durchschnittlich drei Jahre inne. Auch andere Priesterbrüder der Ballei wechselten entsprechend häufig. In der stellenarmen Ballei Westfalen kam es hingegen zwischen 1500 und 1800 lediglich bei vier von 25 Priesterbrüdern zu einem Stellenwechsel[97].

So unterschiedlich die Versetzungshäufigkeit in den verschiedenen Balleien auch war, eines hatten alle gemeinsam. Alten und Kranken Priesterbrüdern bereitete man einen „Altersruhesitz“, was in der Regel die Stelle eines Frühmessners in einer Kommende[98] oder die eines Hospitalbenefiziaten[99] beinhaltete.

6.2 Einkommen

Im Gegensatz zu vielen anderen Orden, scheinen die Priesterbrüder des Deutschen Orden schon sehr früh über ein eigenes Einkommen verfügt zu haben. Beobachten wir

[94] Michiel Van Der Eycken, De Duitse Orde in het Prinsbisdom Luik, in: Saint-Andre. De Duitse Orde in Luik (1254-1794)., Opglabbeek 1991, S. 18

[95] Bernhard Demel, Das Priesterseminar des Deutschen Orden zu Mergentheim, Bad Godesberg 1972, S. 159

[96] Bernhard Demel, Das Priesterseminar des Deutschen Orden zu Mergentheim, Bad Godesberg 1972, S. 73

[97] Dorn, Hans Jürgen: Die Deutschordensballei Westfalen (Quellen und Studien zur Geschichte des Deutschen Ordens, Bd. 26), Marburg 1978, S. 216-220

[98] z. B. Johann Ochs (vgl. Bernhard Demel, Das Priesterseminar des Deutschen Orden zu Mergentheim, Bad Godesberg 1972, S. 106)

[99] z. B. Johann Konrad Göbel (vgl. Bernhard Demel, Das Priesterseminar des Deutschen Orden zu Mergentheim, Bad Godesberg 1972, S. 82)

das Einkommen der Priesterbrüder, so sollten wir zwischen Konventualen und Pfarrern unterscheiden, um so eine bessere Übersicht zu erhalten.

Beginnen wir mit den Priesterbrüdern eines Konventes. Diese waren wohl seit frühester Zeit Inhaber einer Pfründe, was man sehr schön an der Kommende Sachsenhausen erkennen kann, denn hier stiftete Elisabeth von Hagen 1222 eine „zusätzliche" Priesterpfründe. Es bestände wohl kaum eine Nötigkeit dieser Bezeichnung, wenn es sich hierbei nicht um eine Dotation gehandelt hätte. Und in den folgenden Jahren begegnet uns diese Bezeichnung noch öfter. Ihren Abschluss findet sie in Sachsenhausen im Jahre 1324, mit der Stiftung einer fünften Priesterpfründe. Auffällig ist hierbei die Stiftung einer Priesterpfründe durch den Komtur des Hauses, im Jahre 1287[100]. Er stiftete keine Messen oder sonstiges, sondern ausdrücklich eine Priesterpfründe. Auch die Tatsache, dass ausdrücklich die Rede vom Bezug von Lohn und Kost[101] die Rede ist, legt dies nahe. So kleinlich die Wirtschaftsführung war, keine Ausgabe ohne Deckung, lässt die Vorstellung einer Lohnauszahlung ohne Einkommen kaum zu. Auch die zahlreichen religiösen Stiftungen der Priesterbrüder im Spätmittelalter, wie z. B. Altarbilder, lassen die Verfügung über ein gewisses Vermögen erahnen[102]. Übrigens wird zwischen 1524 und 1526 für die Kommende Beckingen noch einmal ausdrücklich festgehalten, dass der dort lebende Priesterbruder Jorgen, genauso wie der Ritterbruder Joisten, jährlich drei rheinische Gulden erhalten sollen[103]. Auch wenn dies nicht ausdrücklich auf eine Pfründe hinweist, so belegt es doch zumindest ein festes Einkommen. Doch besaßen die Konventspriester auch außerhalb ihre Kommenden Pfründen, was wir an Adam von Waldrach OT erkennen können. Dieser war seit 1503 Pfarrer in Haustadt. Sollte er jemals in seiner Pfarrei gelebt haben, so jedenfalls nicht mehr seit 1515. Denn in diesem Jahr wurde er Hauskomtur in Trier, wo er als residierend belegt ist. Auf seine Pfarrei verzichtete er erst 1517, was wohl mit seiner Berufung zum Komtur von Metz zusammenhängt. Offensichtlich betrachteten die Priesterbrüder, wie auch die Ritterbrüder, die Kommenden als Einnahmequelle. Denn Waldrach bemühte sich um den Erhalt der reicheren Kommende Saarbrücken, was

[100] Jörg Seiler, Der Deutsche Orden in Frankfurt, Marburg 2003, S. 96-97
[101] Peter Heim, Die Deutschordenskommende Beuggen und die Anfänge der Ballei Elsass-Burgund, Bad Godesberg 1977, S. 49
[102] vgl. 800 Jahre Deutscher Orden (Ausstellungskatalog), Gütersloh/München 1990, I. 3.6.
[103] Rüdiger Schmidt, Die Deutschordenskommenden Trier und Beckingen 1242-1794, Marburg 1974, S. 328

jedoch fehlschlug[104]. Bereits im November 1500 versicherte das Landkapitel dem Pfarrer von Hillpach, dass ihm aus seiner Versetzung nach Münnerstadt „keinen argen geschehe, sunder uß ursach kunftiger beßerung“, da der dortige Komtur „alt und in abnehmen sey“[105]. Er wurde damit gewissermaßen Koadjutor des Komturs. Sollte es sich hierbei nicht um ein gewisses Pfründedenken handeln, hätte man sich die Versicherung einer zukünftigen Stellenverbesserung sicherlich sparen können.

Nun wollen wir uns dem Einkommen der Priesterbrüder zuwenden, welche eine Pfarrei oder ein entsprechendes Amt inne hatten. Dass eine Pfarrei als Pfründe an einen Priesterbruder vergeben wurde, erkennen wir an Johannes von Geylenhusen OT, der in den 1260er Jahren mehrere Jahre gegen den Kölner Kanoniker Walram von Sponheim prozessierte. Dieser machte ihm die Pfarrei Lösenich streitig, welche ihm vom Orden verliehen wurde. Als 1266 in Rom das Urteil fiel, wurden dem Priesterbruder des Deutschen Ordens 100 Mark Sterling als Schadensersatz zuerkannt. Von Interesse ist dieses Urteil deshalb, weil diese 100 Mark dem Priesterbruder und nicht etwa dem Orden zuerkannt wurden. Am 26. August 1267 wurde Johannes von Geylenhusen OT dann als Pfarrer in sein Amt eingeführt[106], doch nahm er die Seelsorge nicht selbst war. Nach Art der Kanoniker setzte er verschiedene Priester als Stellvertreter ein, so wie den 1272 erwähnten Fulkard und den 1276 erwähnten Heinrich. Und auch sein Nachfolger im Amt, ein gewisser Priesterbruder Menzo, ließ sich durch Ewigvikaren vertreten[107]. Weder Johannes, noch Menzo begegnen uns in irgendwelchen Positionen, welche sie als unabkömmlich belegen würden. Es scheint es sich bei der ihnen verliehenen Pfarrei um eine regelrechte Einkommenspfründe gehandelt zu haben. Dies wird noch dadurch untermauert, dass beide einen Ewigvikaren einsetzten. Sie, Johannes und Menzo, nicht der Orden. Es ist kaum vorstellbar, dass der Orden einen Priesterbruder zum Pfarrer bestellt und gleichzeitig einen Ewigvikaren bezahlte. Dieser ging wohl eher auf Kosten des Priesterbruders, welchem ja auch in Person der „Schadensersatz“ zugesprochen wurde und der wohl auch die Einnahmen der Pfarrei bezog, denn sonst hätte er sich kaum einen Stellvertreter leisten können.

[104] Rüdiger Schmidt, Die Deutschordenskommenden Trier und Beckingen 1242-1794, Marburg 1974, S. 309-310

[105] Marian Biskup, Protokolle der Kapitel und Gespräche des Deutschen Ordens im Reich (1499-1525), Marburg 1991, S. 30

[106] Rüdiger Schmidt, Die Deutschordenskommenden Trier und Beckingen 1242-1794, Marburg 1974, S. 101-102

[107] Rüdiger Schmidt, Die Deutschordenskommenden Trier und Beckingen 1242-1794, Marburg 1974, S. 104

Doch wie sah nun das Einkommen eines solchen Priesterbruders aus? War der Priesterbruder Pfarrer einer Gemeinde, so verfügte er über die Einkünfte seiner Pfarrei wie ein Komtur über die Einkünfte seiner Kommende. Er besaß eine eigenständige Wirtschaftsführung[108] und führte einen Fixbetrag an seinen Orden ab. Der Rest der Pfründe gehörte ihm[109]. Hierzu kamen noch die Steuern an den Landesfürsten[110], wie auch die Besoldung eventueller Kooperatoren[111]. So günstig dies auf den ersten Blick auch scheinen mag, so kläglich konnte das Einkommen doch tatsächlich in schlechten Jahren ausfallen. So klagte der Pfarrer von Sarnthain 1782 darüber, dass ihm von seiner Pfründe nicht mehr als ein kümmerlicher Rest blieb[112], musste er doch gegen Ende des 18. Jahrhunderts etwa 2/3 seines Einkommens für die Wirtschaftsführung aufbringen[113]. Diese Wirtschaftsführung bestand für gewöhnlich in der Bebauung der Liegenschaften und auch in Viehwirtschaft[114]. So besaß z. B. die zur Ballei Franken gehörige Pfarrei Ober-Mörlen in den Jahren zwischen 1787 und 1790 237 Morgen Ackerland und 18 Morgen Wiesen. Hierzu kamen noch, was ebenfalls zur Wirtschaftsführung gehörte, 12 Malter Roggen aus Zehntäckern, 10 Malter Gerste aus Zehntäckern, 25 fl aus Flachs- und Hauszehnt, 20 fl Geldzins und 28 fl Stolgebühren[115]. Gehörten die Stolgebühren auch nicht zur direkten Wirtschaftsführung, so waren sie doch ein nicht zu unterschätzender Faktor, welchen man stets fest einplanen konnte. Gemeinsam mit den Oblationen bereiteten sie dem Pfarrer von Paffendorf immerhin 73% seiner Einnahmen[116]. In der Diözese Brixen, welche die niedrigsten Gebührenordnung besaß, erhielt der Pfarrer 1654 für eine Trauung 1 fl 30 Kr, für Taufen und Versehgänge 6 bis 18 Kr und für eine Beerdigung, inkl. Gottesdienst, 3 fl. Rund hundert Jahre später, nämlich 1768, finden wir für die Ordenspfarre Sarntheim, in derselben Diözese, eine genaue Gebührenordnung[117]:

---

[108] Erika Kustatscher, Die Deutschordenspfarre Sarntheim, Marburg 1996, S. 96
[109] Erika Kustatscher, Die Deutschordenspfarre Sarntheim, Marburg 1996, S. 106
[110] Erika Kustatscher, Die Deutschordenspfarre Sarntheim, Marburg 1996, S. 124
[111] Erika Kustatscher, Die Deutschordenspfarre Sarntheim, Marburg 1996, S. 102
[112] Erika Kustatscher, Die Deutschordenspfarre Sarntheim, Marburg 1996, S. 106
[113] Erika Kustatscher, Die Deutschordenspfarre Sarntheim, Marburg 1996, S. 102
[114] Erika Kustatscher, Die Deutschordenspfarre Sarntheim, Marburg 1996, S. 89
[115] Jörg Seiler, Der Deutsche Orden in Frankfurt, Marburg 2003, 173
[116] Eduard Hegel (Hg.), Geschichte des Erzbistums Köln. 2. Band: Das Erzbistum Köln im späten Mittelalter (1197-1515), Köln 1995, S. 403-404
Um 1334 betrugen die festen Einnahmen des genannten Pfarrers 26 Mark aus Renten und kleinem Zehnt. Hierzu kamen 25 Mark Oblationen an Hochfesten, 20 Mark normale Oblationen, 20 Mark Begräbnis- und Exequiengebühren für 23 Fälle, 1 Mark für zwei Hochzeiten und 4 ½ Mark Sendbußen.
[117] Erika Kustatscher, Die Deutschordenspfarre Sarntheim, Marburg 1996, S. 92

Hl. Messe	18 Kr	Eheaufgebot	3 Kr
Amt	20 Kr	Eheversprechen	15 Kr
		Traugottesdienst	24 Kr
Kondukt	12 Kr	Segnung der Wöchnerin	1 – 3 Kr
Begräbnis	9 Kr	Taufe eines ehel. Kindes	9 Kr
Friedhofsbegehung	1 fl 12 Kr	Taufe eines unehel. Kindes	1 fl 30 Kr
Totenvigilien	1 fl 30 Kr		
Verkündigungen	17 Kr	Taufattest	18 Kr

Dies klingt jetzt auf den ersten Blick nicht nach sonderlich hohen Gebühren, doch zum Vergleich: Im Jahre 1760 verdiente ein Hofratsbote 31 Reichstaler 16 Albus[118] und eine Wochenration Brot für einen erwachsenen Menschen kostete, dies allerdings bereits im Jahre 1720, lediglich 13 Albus und 4 Heller[119].

Um hier nicht ins kleinliche zu zerfallen können wir feststellen, dass ein normaler Weltgeistlicher, welcher als Vicarius perpetuus oder Ewigvikar tätig war, immer noch mehr bekam, als das, was eine Bauernfamilie zum Leben hatte. Die Mindestdotation aus einem Altar betrug im Spätmittelalter wenigstens 25 Gulden[120]. Da der Orden Exemt, also frei vom Bischof und dem Papst unterstellt war, waren die Priesterbrüder auf den Kommenden oder sonstigen Ordensbenefizien von bestimmten Abgaben gegenüber den Bischöfen gänzlich oder teilweise befreit. Weltpriester hingegen, welche Ordensbenefizien besaßen, mussten dieselben Abgaben gegenüber dem Bischof leisten,

[118] Robert Kulick, Die kurkölnische Hofkamm von 1692 bis zur Flucht der kurkölnischen Behörden im Jahre 1794., Köln 1936, S. 99

[119] Georg Bönisch, Der Sonnenfürst. Karriere und Krise des Clemens August., Köln 1979, S. 131
Anbei noch eine Erklärung zur Währung:

1 Reichsthaler	=	1 ½ Gulden (Florin)
	=	90 Kreuzer
	=	80 Albus
	=	60 Stüber
	=	28 Groschen oder Schillinge
1 Albus	=	12 Heller
1 Stüber	=	16 Heller
1 Groschen	=	12 Deut oder Pfennige

(vgl. Robert Kulick, Die kurkölnische Hofkammer von 1692 bis zur Flucht der kurkölnischen Behörden im Jahre 1794., Köln 1936, S. 102)

[120] Eduard Hegel (Hg.), Geschichte des Erzbistums Köln. 2. Band: Das Erzbistum Köln im späten Mittelalter (1197-1515), Köln 1995, S. 403-404
Um 1334 betrugen die festen Einnahmen des genannten Pfarrers 26 Mark aus Renten und kleinem Zehnt. Hierzu kamen 25 Mark Oblationen an Hochfesten, 20 Mark normale Oblationen, 20 Mark Begräbnis- und Exequiengebühren für 23 Fälle, 1 Mark für zwei Hochzeiten und 4 ½ Mark Sendbußen.

so wie alle Diözesanpriester[121]. Man kann bei den Pfarrern jedoch eine Zweiteilung vornehmen, denn generell ging das Einkommen aus einer Pfarrei nicht an den Stelleninhaber, sondern an die Ballei oder eine Kommende, welche daraus den Lebensunterhalt des Priesterbruders bestritt oder aber den angestellten Priester bezahlte[122]. Dies machte sich dann auch bei Pfarrstellen in Kommendennähe bemerkbar. In diesem Fall wurde die Wirtschaftsführung nämlich für gewöhnlich durch die Kommende vorgenommen und der Pfarrer lediglich besoldet. In diesem Fall hing alles von der Großzügigkeit des Komturs ab. So erhielten im Jahre 1606 der Stadtpfarrer von Mergentheim 120 Gulden, sein erster Vikar 60 Gulden und der zweite Vikar lediglich 40 Gulden Jahresgehalt[123]. Im Vergleich dazu waren die Einkommen in der Ballei Westfalen dermaßen miserabel, dass es kaum zum Leben reichte. So erhielt der Kaplan von Welheim 1660 lediglich 19 Taler und 14 Stüber, während der Kommendenschreiber 20 Taler bezog. Auch der Kommendenkaplan von Münser war 1662 mit nur 20 Reichstaler und einigen Naturalabgaben nicht bessergestellt[124]. Wirklich besser ging es 1686/87 auch dem Dechanten von Freudenthal mit seinen 50 Talern nicht, wobei der Stadtkaplan erstaunlicherweise sogar 80 Taler erhielt. Beide besaßen jedoch freie Kost und Logis[125]. Für die Alumnen im Seminar bewilligte die Mergentheimer Ordensregierung, neben freier Kost und Wohnung, ab dem Subdiakonat 12 und ab der Priesterweihe 50 Reichstaler[126]. Etwa 100 Jahre später, nämlich 1798, erhielt der Pfarrer von Mühlheim (Ballei Westfalen) 53 Reichstaler, freies Brennholz und freien Tisch beim Landkomtur[127]. Damit verdiente der Pfarrer von Mühlheim zwar immer noch mehr wie ein Hofratsbote, dessen Einkommen lag im Jahre 1760 in Kurköln bei 31 Reichstaler 16 Albus[128], aber immer noch weniger wie ein Kanzlist[129].

---

[121] Bernhard Demel, Das Priesterseminar des Deutschen Orden zu Mergentheim, Bad Godesberg 1972, S. 25-26

[122] Udo Arnold, M. van der Eycken, Die Mitglieder des Deutschen Ordens, in: Ritter und Priester. Acht Jahrhunderte Deutscher Orden in Nordwesteuropa. (Ausstellung der Landkommanderij Alden Biesen), Alden Biesen 1992, S. 40

[123] Bernhard Demel, Das Priesterseminar des Deutschen Orden zu Mergentheim, Bad Godesberg 1972, S. 48

[124] Hans Jürgen Dorn, Die Deutschordensballei Westfalen (Quellen und Studien zur Geschichte des Deutschen Ordens, Bd. 26), Marburg 1978, S. 199

[125] Winfried Irgang, Freudenthal als Herrschaft des Deutschen Ordens 1621-1725. Bad Godesberg 1971, S. 237

[126] Bernhard Demel, Das Priesterseminar des Deutschen Orden zu Mergentheim, Bad Godesberg 1972, S. 213

[127] Hans Jürgen Dorn, Die Deutschordensballei Westfalen (Quellen und Studien zur Geschichte des Deutschen Ordens, Bd. 26), Marburg 1978, S. 199

[128] Robert Kulick, Die kurkölnische Hofkamm von 1692 bis zur Flucht der kurkölnischen Behörden im Jahre 1794., Köln 1936, S. 99

Wir können also im Seminardirektor zu Mergentheim, da dieser mit 312 Florin und 30 Kreuzern ausgestattet, einen wahren Großverdiener unter den besoldeten Priesterbrüdern erkennen[130].

Generell kann man jedoch feststellen, dass viele der Ordenspriester doch über ein gewisses Eigenvermögen verfügten, da sie sich den Neubau ihres Pfarrhauses, oder doch zumindest die Bezuschussung desselben, im 17. und 18. Jahrhundert durchaus leisten konnten[131].

Zum Vergleich: In der zweiten Hälfte des 18. Jahrhunderts benötigte man im Erzbistum Köln zum Erhalt der Weihen einen Lebensunterhalt von 60 Reichstalern, von denen 30 Reichstaler aus einem Dienstverhältnis stammen dürften. Doch waren 60 Reichstaler bereits ein Minimum, von welchem man, ohne Nebenverdienst, sein Leben nicht fristen konnte[132]. Becker bezeichnet die Einkommen der Landpfarrer, und da muss man wohl auch den Klerus von Kleinstädten hinzurechnen, für das 16. und 17. Jahrhundert nicht zu Unrecht als „ganz erbärmlich“[133]. Hieran wird sich auch im folgenden Jahrhundert wohl kaum etwas geändert haben, so dass man die Priesterbrüder des Deutschen Orden im Vergleich zum Weltklerus keinesfalls als minderbemittelt sehen darf.

6.3 Wohnung

Wenn wir uns nun die Wohnräumlichkeiten der Priesterbrüder betrachten, so werden wir erkennen, dass es da doch zwischen dem mittelalterlichen Deutschordenspriester, der in Gemeinschaft lebte, und dem neuzeitlichen, der normalerweise auf sich alleine gestellt war, nicht unerhebliche Unterschiede gab.

Über die Wohnverhältnisse des Mittelalters ist uns nichts bekannt. Hier können wir uns nur auf die Beschreibungen der Ritterbrüder verlassen, mit denen sie weitgehendst in

---

[129] vgl. Robert Kulick, Die kurkölnische Hofkammer von 1692 bis zur Flucht der kurkölnischen Behörden im Jahre 1794., Köln 1936, S. 99

[130] Bernhard Demel, Das Priesterseminar des Deutschen Orden zu Mergentheim, Bad Godesberg 1972, S. 202

[131] C. G. De Dijn, Erdgeschoßgrundriß des Pfarrhauses der St. Lambertuspfarrei in Vught, in: Ritter und Priester. Acht Jahrhunderte Deutscher Orden in Nordwesteuropa. (Ausstellung der Landkommanderij Alden Biesen), Alden Biesen 1992, S. 202

[132] Eduard, Hegel(Hg.), Geschichte des Erzbistums Köln. 2. Band: Das Erzbistum Köln im späten Mittelalter (1197-1515), Köln 1995, S. 170-171

[133] Thomas Paul Becker, Konfessionalisierung in Kurköln. Untersuchungen zur Durchsetzung der katholischen Reform in den Dekanaten Ahrgau und Bonn anhand von Visitationsprotokollen 1583-1761., Bonn 1989, S. 92

Gemeinschaft lebten. Hierbei schnitt man sicherlich besonders schlecht ab, wenn man in einer der Burgen des Ordens stationiert war. Denn hier waren die Wohnverhältnisse äußerst begrenzt. Dies erkennen wir z. B. an der Ordensburg zu Riga. Hier waren auf einem Stockwerk, welches ein Quadrat von nicht ganz 60 m Länge umfasste, Dormitorium (Schlafsaal), Remter (Refektorium oder Speisesaal), Kapitelsaal und Kapelle für zahlreiche Brüder untergebracht. Auch auf den Burgen des Reiches sah dies nicht anders aus. Das Dormitorium selbst war noch einmal in einzelne Schlafstellen unterteilt, die durch Holzwände abgetrennt und durch Gittertüren zugänglich waren. Hierin befanden sich pro Bruder ein Strohsack, ein Leinentuch und eine Decke. Der Komtur wohnte natürlich separat, jedoch auch nicht komfortabeler. Das Remter muss man sich als einen schlichten Raum mit wuchtigen Tischen und Bänken vorstellen und auch der Kapitelsaal dürfte von seiner Einrichtung her nicht mehr als einige Bänke umfasst haben[134]. Doch mit dem Untergang der Konvente änderte sich das Bild. Da die Priesterbrüder nun in keinen Konventen mehr lebten, war an die Stelle einer Zelle das Pfarrhaus getreten. Da die Gelder der Pfarrei durch die Balleien aber oftmals zweckentfremdet wurden, sah es scheinbar im 17. und 18. Jahrhundert nicht sonderlich rosig mit diesen „Pfarrhäusern" aus, jedenfalls was den baulichen Zustand betrifft. Oftmals ließen Priesterbrüder die Pfarrhäuser auf eigene Kosten neu erreichten oder bezuschussten deren Bau doch zumindest. Doch wie sahen diese Pfarrhäuser nun aus? Schauen wir uns die Gemeinde in Vught an, so erhalten wir das Beispiel einer Landpfarrei. Hier hinterließ der Pfarrer dem Orden 1731 sein eigenes Haus, wobei es sich wohl lediglich um eine einfache Dorfwohnung handelte, sich das Pfarrhaus also nicht von den übrigen Wohnhäusern des Ortes abhob. Auch das 1767 errichtete Pfarrhaus war wohl nur einstöckig und eher einem normalen Wohnhaus, denn einem repräsentativen Pfarrhaus ähnlich, besaß es doch z. B. keinerlei Einteilung zwischen Privat- und Repräsentationsräumen. Rechnet man die Werkräume, wie Küche und Backhaus, ab, so blieben dem Pfarrer noch vier Wohnräume[135]. Leider wissen wir hier nichts über die Einrichtung, doch dürfen wir sicherlich annehmen, dass auch diese sich nicht sonderlich von der anderer Wohnhäuser des Dorfes unterschied. Das absolute Gegenstück hierzu finden wir dann beim Großpastor zu Lüttich, denn dieser bewohnte

[134] Marjan Tumler, Der Deutsche Orden im Werden, Wachsen und Wirken bis 1400 mit einem Abriß der Geschichte des Ordens von 1400 bis zur neuesten Zeit, Wien 1954, S. 437-438
[135] C. G. De Dijn, Erdgeschoßgrundriß des Pfarrhauses der St. Lambertuspfarrei in Vught, in: Ritter und Priester. Acht Jahrhunderte Deutscher Orden in Nordwesteuropa. (Ausstellung der Landkommanderij Alden Biesen), Alden Biesen 1992, S. 202

kein Pfarrhaus, sondern eine dreiflüglige Kommende mit Lustgarten[136]. In der Mitte bewegte sich dann das Pfarrhaus von St. Leonhard i. P., welches neben zahlreichem Stuck, auch Wandmalereien besaß[137].

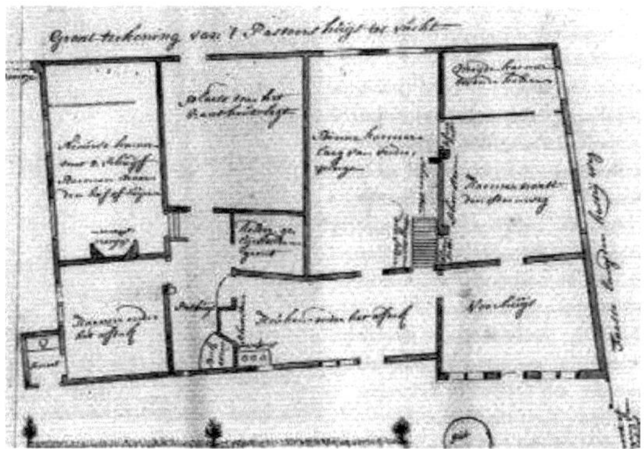

Das Pfarrhaus zu Vught[138].

6.4 Kleidung

Im Mittelalter besaßen die Ordenspriester, wie alle Brüder des Ordens, je zwei Paar Hemden und Hosen und dazu Unterhosen. Diese waren aus ungefärbten Linnen, während das Oberkleid in „geistlicher Farbe" gehalten war. Die Schuhe aber waren schlicht, dass heißt ohne Bänder, Schnallen oder Schnäbel. Was aber besagte nun der Ausdruck „geistliche Farbe"? Hierunter ist sicherlich die schwarze Farbe zu verstehen, denn auf frühen Abbildungen finden wir die Priesterbrüder in schwarzen Talaren und auch ein Tresslerbuch aus dem frühen 16. Jahrhundert erwähnt den Kauf schwarzen Tuches für Priesterkleider. Jedenfalls erhielten die Priesterbrüder von Papst Honorius III. in einer Bulle des Jahres 1220 hierzu noch die Erlaubnis, im Gottesdienst weiße, geschlossene Talare zu tragen. Diese wurden möglicherweise zu diesen Anlässen über dem normalen Talar getragen und müssen sich wohl eher als Kokullen, denn als

[136] N. Laguesse, Modell von St. André in Lüttich, in: Ritter und Priester. Acht Jahrhunderte Deutscher Orden in Nordwesteuropa. (Ausstellung der Landkommanderij Alden Biesen), Alden Biesen 1992, S. 175-176

[137] Franz-Heinz von Hye, Auf den Spuren des Deutschen Orden in Tirol. Eine Bilddokumentation., Bozen 1991, S. 275-283

[138] vgl. C. G. De Dijn, Erdgeschoßgrundriß des Pfarrhauses der St. Lambertuspfarrei in Vught, in: Ritter und Priester. Acht Jahrhunderte Deutscher Orden in Nordwesteuropa. (Ausstellung der Landkommanderij Alden Biesen), Alden Biesen 1992, S. 202

Rochetts vorgestellt werden[139]. Außerhalb des Hauses aber bedienten sie sich eines grauen Mantels, womit sie den einfachen, dienenden Brüdern gleichgestellt wurden[140]. Den Zeitpunkt der Übernahme des weißen Mantels, gleich den Ritterbrüdern kennen wir nicht, doch finden wir eine solche Abbildung bereits im Jahre 1356[141]. In einer Bulle vom 13. Februar 1244 genehmigt der Papst den Priesterbrüdern dann generell das Tragen eines weißen Talares, wovon jedoch, soweit ersichtlich, kein Gebrauch gemacht wurde. Es stellt sich zudem die Frage, wer denn überhaupt dieses Privileg beantragt hat, da darin mit keinem Wort darauf eingegangen wird und es zudem am Anfang so klingt als wolle es der Papst, während es am Ende derselben eher als Gewähren einer Bitte erscheint. Sicher ist jedoch, dass es sich hierbei um kein liturgisches Übergewand, sondern, wie man heute sagen würde, um die Soutane handelt[142]. In den Ordensregeln von 1606 wird dann bereits eine genaue Kleidervorschrift erlassen. Hiernach sollten sie das Habit und den Mantel, welcher bis eine Handbreit unter das Knie reichte, zur Kommunion, dem Kapitel, der Einkleidung und der Beerdigung eines Ordensbruders tragen. Im Alltag die normale Priesterkleidung mit dem Ordenskreuz tragend, sollten sie zu den Gottesdiensten die Soutane, den Ordensmantel und das Ordenskreuz anlegen[143]. Wie die Ritterbrüder, so trugen auch die Priesterbrüder des Ordens ein Halskreuz. Dieses hing, wie wir es auf zwei Portraits aus der zweiten Hälfte des 18. Jahrhunderst sehen können, entweder an einer Kordel um den Hals, wozu offensichtlich auch ein Coulant getragen werden konnte[144], oder an einem kurzen Kettchen aus einem Knopfloch[145]. Für den Alltag scheint sich jedoch das Tragen der Weltpriesterkleidung eingebürgert zu haben, wie wir dies auf diversen Portraits des 18. Jahrhunderts erkennen können. Hierzu gehörte für einige Herren dann auch die Perücke „à la mode" (siehe Abb. Josef Schmiedhofer OT), welche sich jedoch bei den meisten

---

[139] Peter Heim, Die Deutschordenskommende Beuggen und die Anfänge der Ballei Elsass-Burgund, Bad Godesberg 1977, S. 50

[140] Alois Seiler, Miniatur eines Deutschordensritter- und priester in der erneuerten Ordenstracht, in: Kreuz und Schwert. Der Deutsche Orden in Südwestdeutschland (Ausstellungskatalog der Insel Mainau), Mainau 1991, S. 104

[141] Alois Seiler, Ablaß für die Pfarrkirche Marburg; in: 800 Jahre Deutscher Orden (Ausstellungskatalog), Gütersloh/München 1990, S. 21

[142] Marjan Tumler, Der Deutsche Orden im Werden, Wachsen und Wirken bis 1400 mit einem Abriß der Geschichte des Ordens von 1400 bis zur neuesten Zeit, Wien 1954, S. 372-374

[143] Alois Seiler, Deutschordenspriesters, in: Kreuz und Schwert. Der Deutsche Orden in Südwestdeutschland (Ausstellungskatalog der Insel Mainau), Mainau 1991, S. 162-163

[144] Udo Arnold, Deutschordenspriester Bernhard Braun; in: 800 Jahre Deutscher Orden (Ausstellungskatalog), Gütersloh/München 1990, S. 420

[145] Udo Arnold, Deutschordenspriester Johann Michael Enderlein, Seminarpräfekt (1748/49) und Pfarrer von Mergentheim (1753-1762); in: 800 Jahre Deutscher Orden (Ausstellungskatalog), Gütersloh/München 1990, S. 348

Priesterbrüdern nicht finden lässt. Persönliche Akzente in der Kleidung lassen sich auch bei Kragen und Ordensmantel erkennen. So trug man im 17. und 18. Jahrhundert sowohl Beffchen (siehe Abb. Silvester Moser OT), als auch Rundkragen (siehe Abb. Simon Tröger OT). In der Zivilkleidung kam sogar noch die Möglichkeit der Kragenspitzen hinzu (siehe die Abb. eines Ordenspriesters aus dem 18. Jahrhundert). Der Ordensmantel konnte von den Priesterbrüdern sowohl als Umhang (siehe Abb. Simon Tröger OT), wie auch mit Ärmelschlitzen, gleichsam einer Manteletta, getragen werden (siehe Abb. Silvester Moser OT). Hierbei fällt auch auf, dass der Mantel bis ins 18. Jahrhundert hinein noch einen Kragen erhalten hatte. Wie bei den Ritterbrüdern, so trug auch der Priesterbruder, spätestens seit dem 18. Jahrhundert, auf seinem Rock, wenn er nicht in Soutane ging, auf der linken Brust das Ordenskreuz (siehe Abb. Josef Schmidhofer OT). Das er dazu auch das Brustkreuz trug, ist wohl eher zu bezweifeln.

Ordenspriester um 1455[146]

Arent Dircxzoen OT (um 1570)[147]

[146] vgl. 800 Jahre Deutscher Orden (Ausstellungskatalog), Gütersloh/München 1990, I. 3.6.
[147] vgl. 800 Jahre Deutscher Orden (Ausstellungskatalog), Gütersloh/München 1990, VI. 7.3.

Silvester Moser OT (1727)[148]

Portrait eines Ordenspriesters aus dem 18. Jahrhundert[149]

Simon Tröger OT (1725-1774)[150]

Josef Schmiedhofer OT[151]

6.5 Lebensstandard

Was den Lebensstandard eines Priesterbruders im Deutschen Orden angeht, so können wir leider nicht viele Aussagen machen. Zumal im Mittelalter, wo uns hierzu alle Informationen abgehen. In den späteren Zeiten hingegen wird er sich kaum noch von dem eines Weltklerikers unterschieden haben. Bezog er doch seinen Lebensunterhalt,

148 vgl. 800 Jahre Deutscher Orden (Ausstellungskatalog), Gütersloh/München 1990, VI. 7.4., S. 428
149 Erika Kustatscher, Die Deutschordenspfarre Sarntheim, Marburg 1996, S. Abb. 15
150 Erika Kustatscher, Die Deutschordenspfarre Sarntheim, Marburg 1996, S. Abb. 16
151 Franz-Heinz von Hye, Auf den Spuren des Deutschen Orden in Tirol. Eine Bilddokumentation., Bozen 1991, S. 316

wie seine Standesgenossen auch, aus einer bestimmten Stellung, welche ihm einen gewissen Rahmen vorgab. War er in der Seelsorge tätig, so erhielt er das Gehalt eines Ewigvikaren, also ein eher geringes, und wohnte in einem Pfarrhaus, welches den Normen der üblichen Pfarrhäuser entsprochen haben dürfte. Beides haben wir bereits in einem eigenen Kapitel betrachtet, so dass wir uns also nun eher die Frage nach dem Haushalt zu stellen haben. Was die Führung des Haushalts angeht, so können wir aus der Übergabe der Pfarre zu Pilsen, aus dem Jahre 1402, etwas Aufhellung erfahren. So übergab Niclas Weynknecht OT einen Hausrat von *2 federbet, 2 hawtpolster, 4 hyersynne polster, 3 bekken, 4 thuschtucher, 5 hantucher, 6 cannen, 3 czyneyn schuschel, 2 rost, 1 ereyn top, 1 kessel, 3 spys, 2 pfannen, 1 tygel, 3 eyzreyn loffel, grosse schusseln, hulzeyner 23 und 8 cleyner, 4 halbe vyertel weynes, 2 czynen hantfas, 1 rennewagen, 2 setel, 14 weynhowen, 4 keylhowen, 1 czange damit man steyn auf czeucht. 2 exse in der kuchen und 2 hakmesser, 3 weynmesser, des alden pfarrers swert, 2 par zylen mit allem geret, holcz genuk uff eyn halp jar, 2 segen, 5 nebiger, 3 exse oder peyl, in dem brewhouz 1 guten kessel mit allem geret.* Hierzu gab es noch einen Hof mit allerlei Getier und zahlreiche Lebensmittelvorräte. Der Lebensstandard war also durchaus gehoben, was man alleine am Bedarf von vier Tischtüchern erkennen kann. Auch Federbetten und Kopfkissen zeugen durchaus von einem gewissen Komfort. Wer nun den Haushalt führte, wissen wir nicht. Sicher ist nur, dass man über Gesinde verfügte, dessen Bier säuberlich von dem des Pfarrers getrennt gehalten wurde. Was die Speisen angeht, so übergab Pater Niclas seinem Nachfolger einiges an Fleisch und Käse[152]. Nähere Anhaltspunkte zum Haushalt eines Priesterbruders finden wir dann erst wieder in der Visitation des Jahres 1603. Hier nämlich gab der Pfarrer von Rachtig an, dass seine Mutter, seine Schwester und zwei Mägde ihm den Haushalt führten[153], was wohl sicherlich nicht unüblich gewesen sein dürfte. So lebten 1767 zwei Verwandte im Haus des Pfarrers von Sarnthein, in dem, innerhalb von etwa 100 Jahren, die Zahl der Bediensteten von dreien (1685) auf sieben (1781) stieg. Das die Verwandtschaft auch nicht um Gotteslohn arbeitete, erfahren wir hier übrigens auch[154]. Personal wird jedenfalls wohl in jedem Pfarrhaus zu finden gewesen sein, was sich, wie in Vught,

[152] Josef Hemmerle, Die Deutschordens-Ballei Böhmen in ihren Rechnungsbüchern 1385-1411, Bad Godesberg 1967, S. 100
[153] W. Jacobs, Kelchfuß mit Reliquiar-Aufsatz, in: Ritter und Priester. Acht Jahrhunderte Deutscher Orden in Nordwesteuropa. (Ausstellung der Landkommanderij Alden Biesen), Alden Biesen 1992, S. 136
[154] Erika Kustatscher, Die Deutschordenspfarre Sarntheim, Marburg 1996, S. 99

auch gut an den Grundrissplänen der Pfarrhäuser ablesen lässt[155]. Auf dieses Personal konnte im übrigen auch gar nicht verzichtet werden, besonders wenn der Pfarrhof, wie das Erwähnte Sarnthein, ein Gutshof war[156]. Von einem gehobenen Lebensstil künden auch die Exlibris verschiedener Priesterbrüder[157]. Handelte es sich doch hierbei um Kupferstiche, welche eigens für den Besitzer geschaffen wurden. Hieraus dürfen wir im Übrigen auch schließen, dass man sich nicht nur vereinzelte Bücher leistete, sondern wohl eher eine ganze Bibliothek. Denn eine Exlibrisanschaffung lohnte sich eigentlich nur im größeren Umfang. Einen ebenfalls eher herrschaftlichen Lebensstil dokumentieren, hier besonders in den südlichen Balleien, die zahlreichen Portraits von Ordenspriestern vorweisen können. Hierbei ist besonders das Portrait des Simon Tröger OT zu erwähnen, welches neben einer offenen Geldbörse, auch das Lebensmotto des Portraitierten trägt: „Lustig gelebt und selig gestorben ist den Teifl's Concept verdorben."[158] Eine Erläuterung desselben kann man sich wohl sparen, kündet der Satz doch eindeutig davon, dass es sich hier um kein Kind von Geiz und Traurigkeit handelte. Doch damit war er dann wohl nicht der Einzige, ist uns doch schon die Jagdleidenschaft des Münsteraner Ordenspriester Lubbert zum Kley OT für das Jahr 1569 bezeugt[159]. Generell muss man jedoch feststellen, dass es dem Priesterbruder genauso ging wie einem Säkularpriester. Was er sich leisten konnte und was nicht, dass hing von seiner Pfründe ab.

6.6 Lebenswandel

Über den Lebenswandel der verschiedenen Priesterbrüder der Jahrhunderte ist uns nur sehr wenig überliefert. Daraus dürfen wir wohl schließen, dass ihre Lebensführung im Normalen einwandfrei war und dem Priesterbild ihrer Zeit entsprochen haben mag. Sicherlich gab es auch Ausnahmen. So gab es in Koblenz, um die Wende zum 15. Jahrhundert, einen Fall zweier Priesterbrüder, welche bei einem Spiel, was ohnehin schon ordensrechtlich verboten war, versehentlich einen Schüler so stark verletzten, dass er an den Folgen verstarb. Abgesehen von einer gewissen Fahrlässigkeit und dem

[155] vgl. C. G. De Dijn, Erdgeschoßgrundriß des Pfarrhauses der St. Lambertuspfarrei in Vught, in: Ritter und Priester. Acht Jahrhunderte Deutscher Orden in Nordwesteuropa. (Ausstellung der Landkommanderij Alden Biesen), Alden Biesen 1992, S. 202

[156] Erika Kustatscher, Die Deutschordenspfarre Sarntheim, Marburg 1996, S. 99

[157] So z. B. Johann Baptist Siebenfercher. Vgl. Franz-Heinz von Hye, Auf den Spuren des Deutschen Orden in Tirol. Eine Bilddokumentation., Bozen 1991, S. 284

[158] Franz-Heinz von Hye, Auf den Spuren des Deutschen Orden in Tirol. Eine Bilddokumentation., Bozen 1991, S. 230

[159] Hans Jürgen Dorn, Die Deutschordensballei Westfalen (Quellen und Studien zur Geschichte des Deutschen Ordens, Bd. 26), Marburg 1978, S. 68-69

Bruch der Ordensregel, scheinen sie ansonsten jedoch ihren priesterlichen Dienst in der Gemeinschaft erfüllt zu haben. Denn der Komtur des Hauses drängte nun den Hochmeister, sich für eine baldige Aufhebung der damit eingetretenen Strafe der Exkommunikation einzusetzen, da ohne diese Beiden die Gottesdienstordnung nicht aufrechtzuerhalten sei[160]. Wären sie also auch in anderen Hinsichten so fahrlässig gewesen, hätte der Komtur keinen Grund zum Drängen gehabt. Dann wäre ihr Wegfall wohl kaum ins Auge gefallen, da der Komtur zur Aufrechterhaltung des Gottesdienstes bereits vor diesem Zwischenfall zu anderen Lösungen hätte schreiten müssen. Aber genau dies war nicht der Fall, so dass wir davon ausgehen dürfen, dass sie die ihnen ansonsten übertragenen seelsorglichen Verpflichtungen gut erfüllt haben. Auch in späteren Zeiten scheinen die Priesterbrüder ihren priesterlichen Dienst mit einem gewissen Eifer erfüllt und ihre Gemeinde auch in schwierigen Zeiten nicht verlassen zu haben. Dies belegen uns zumindest Zeugnisse, wie die Tatsache, dass Pfarrer Georg Wunder OT 1656 von den Schweden auf ihrem Durchzug zum Krüppel geschlagen wurde[161], und der Pfarrer von Geldrop, nachdem die Protestanten die Pfarrei 1648 übernommen hatten, erst auf Anraten des Landkomturs den Ort verließ[162]. So weit sich das ritterliche Element des Ordens auch von den Ordenspriestern getrennt haben mag, dass die Priesterbrüder nicht gänzlich den Augen ihrer Landkomturen entschwunden waren, belegt die Strafversetzung des Pfarrers Thomas Schen OT, im Jahre 1627. Nachdem ihm der Landkomtur bereits 1622 ein ärgererregendes Leben und ein Verhältnis mit einer Magd vorwarf, die er daraufhin entlassen musste, geriet er mit seiner Gemeinde, Rachtig, in Streit um die Erneuerung des Pfarrhauses. Dieses riss er dann kurzerhand ab, verbrannte einen Teil und verkaufte den anderen. Hieraufhin beorderte ihn der Landkomtur zurück in die Landkommende Trier, wo er nun, von einer fünfmonatigen Aushilfe einmal abgesehen, verblieb[163]. Doch, so muss man sagen, sind Ordensbrüder wie Schen die Ausnahme. Das Gros scheint sich mit Hingabe seiner Aufgaben gewidmet und darin seine Erfüllung gefunden zu haben. Viele blieben, so wie Braun und Glesius in Rachtig, der Bevölkerung noch lange Zeit positiv im

[160] Hans Limburg, Die Hochmeister des Deutschen Ordens und die Ballei Koblenz, Bad Godesberg 1969, S. 54

[161] Bernhard Demel, Das Priesterseminar des Deutschen Orden zu Mergentheim, Bad Godesberg 1972, S. 73

[162] J. C. Coenen, Die Kirche von Geldrop, in: Ritter und Priester. Acht Jahrhunderte Deutscher Orden in Nordwesteuropa. (Ausstellung der Landkommanderij Alden Biesen), Alden Biesen 1992, S. 99

[163] W. Jacobs, Kelchfuß mit Reliquiar-Aufsatz, in: Ritter und Priester. Acht Jahrhunderte Deutscher Orden in Nordwesteuropa. (Ausstellung der Landkommanderij Alden Biesen), Alden Biesen 1992, S. 136

Gedächtnis[164]. Auch die Klagen des Visitators der Ballei Etsch, das die Pfarrer „mehrteils Konkubinarier" seien, wiederholt sich nach 1610 nicht mehr[165].

7. Aufgaben der Priester

7.1 Aufgaben nach den Satzungen

Wenn wir uns mit den frühen Satzungen des Ordensbefassen und diese nach den Priesterbrüdern befragen, so fällt uns auf, dass diese nicht als ein geschlossener Block behandelt wurden. Wenn sie jedoch auch verstreut behandelt werden, so können wir uns doch ein Bild von ihnen machen. So fanden sie nach den dortigen Angaben ihre wichtigste Bestimmung im Verrichten des Gottesdienstes und dem Spenden der Sakramente. Auch sollten sie das Chorgebet pflegen, wobei immer wieder besonderer Wert auf den Gesang gelegt wurde. Weiterhin war es ihre Aufgabe vor und nach den Mahlzeiten den Tischsegen zu sprechen und während derselben die Tischlesung zu halten. Offensichtlich waren für die Lesung auch Bücher in deutscher Sprache vorgesehen, wie wir es in den Visitationsberichten zwischen 1442 und 1446 sehen. Nichtsdestotrotz lesen wir dort jedoch auch, dass es durchaus auch Konvente gab, in denen die Tischlesung verabsäumt wurde[166]. Seelsorglich sollten sie die in den Kampf ziehenden Ritterbrüder ermuntern für den Glauben zu streiten und den Kranken mit besonderer Liebe begegnen. Hierbei waren jedoch scheinbar nicht nur die Mitbrüder in der Firmarie gemeint, sondern genereller Hospitaldienst oder wie wir es heute nennen würden, die Krankenhausseelsorge[167]. Als die Ordenssatzungen 1606 revidiert wurde, übernahm man weitgehendst die Formulierungen der alten Satzungen, ließ jedoch nun den Hospitaldienst unter den Tisch fallen. Eingang findet dafür aber die Erwähnung, dass sie die Sakramente den Armen gleich den Reichen spenden sollen[168]. Auch zum „Dienst" gehörig, wenn auch immer nur auf bestimmte Priesterbrüder bezogen und nicht ganz so häufig, war die Liturgie zur Ordensaufnahme und Annahme der Ordensgelübde. Auch sollte man noch einmal eigens darauf hinweisen, dass die

---

[164] Theophil Antonicek, Deutschordenspriester Bernhard Braun, in: 800 Jahre Deutscher Orden, München 1990, S. 421

[165] Christoph Gufler, Die Pfarreien, in: Heinz Noflatscher (Hg.), Der Deutsche Orden in Tirol. Die Ballei Etsch und im Gebirge., Bozen 1991, S. 454

[166] Marian Biskup, Irena Janosz-Biskupowa, Visitationen im Deutschen Orden im Mittelalter 1236-1449, Marburg 2002, S. 204

[167] Ewald Volgger, Die Priester im Deutschen Orden, in: Heinz Noflatscher, Der Deutsche Orden in Tirol, Bozen 1991, S. 48-49

[168] Ewald Volgger, Die Priester im Deutschen Orden, in: Heinz Noflatscher, Der Deutsche Orden in Tirol, Bozen 1991, S. 62

Seelsorgsverpflichtung in der Kommende allen Angehörigen derselben zuteil wurde. Das schließt alle im Haus lebenden mit ein[169], also auch das Hauspersonal und die dort weilenden Gäste. Eine Verpflichtung, welche jedoch nicht zum Tagesgeschäft gehörte, war die Zelebration zur Wahl eines neuen Hochmeisters. Diese wurde mit dem Lesen der Regel und einer Messe zum Heiligen Geist eröffnet. Auch sollte einer der dreizehn Wähler ein Priester sein. In allen Häusern des Ordens aber sollte zeitgleich eine Heilige Messe gelesen werden, verschiedene Gebete gesprochen und dreizehn Bedürftige gespeist werden[170].

7.2 Liturgie

Die Liturgie der Priesterbrüder des Deutschen Orden fand wohl gewöhnlich, sofern sie nicht in einer Pfarrei lebten, in den Kommendenkapellen und -kirchen statt. Diese waren recht vielfältig gestaltet, da der Orden über keinen eigenen Baustil verfügte. Normalerweise befand sich aber doch wohl in jeder Kapelle ein Chorgestühl, so das sich die Betenden gegenüberstanden[171]. Dieses war in Trier, und sicherlich in den anderen Kommenden ebenso, zu beiden Seiten vor dem Hochaltar gelegen und umfasste in der genannten Kommende Trier 14 Stallien[172]. Ob die Ritterbrüder in größeren Kommenden, wie auf der Marienburg, durch ein Lettner getrennt saßen ist zu bezweifeln[173], doch ist die Trennung zwischen singender und betender Gemeinde sicherlich nicht unwahrscheinlich. Spätestens mit der Reformation verschwanden die Chorgestühle, da sie offensichtlich nicht mehr gebraucht wurden. So besitzt weder die Ordenskirche von Aldenbiesen ein Chorgestühl, noch andere erhaltene Ordenskirchen oder –kapellen. Auch eine aus dem 18. Jahrhundert stammende Darstellung der Konventskirche zu Neuenbiesen zeigt kein Chorgestühl[174].

---

[169] Jörg Seiler, Der Deutsche Orden in Frankfurt, Marburg 2003, S. 130-131

[170] Ewald Volgger, Die Priester im Deutschen Orden, in: Heinz Noflatscher, Der Deutsche Orden in Tirol, Bozen 1991, S. 49

[171] Marjan Tumler, Der Deutsche Orden im Werden, Wachsen und Wirken bis 1400 mit einem Abriß der Geschichte des Ordens von 1400 bis zur neuesten Zeit, Wien 1954, S. 438

[172] Rüdiger Schmidt, Die Deutschordenskommenden Trier und Beckingen. 1242-1794., Marburg 1979, S. 479

[173] Marjan Tumler, Der Deutsche Orden im Werden, Wachsen und Wirken bis 1400 mit einem Abriß der Geschichte des Ordens von 1400 bis zur neuesten Zeit, Wien 1954, S. 438

[174] C. G. De Dijn, Biesen te Maastricht representatief Ordehuis en priesterconvent., in: Nieuwen Biesen in Alden Biesen. 5 eeuwen Duitse Orde in Maastricht., Maastricht 1989, S. 44

7.2.1 Die Heilige Messe

Wie viele Orden, so besaß auch der Deutsche Orden eine Eigenliturgie. Wie aber sah diese aus? Und bis wann feierte man sie? Da der Orden im heiligen Land entstanden war, so ist es nicht verwunderlich, dass wir den Anfang der Eigenliturgie auch tatsächlich hier finden. Und tatsächlich wurden die Brüder vom Deutschen Haus St. Mariens in Jerusalem auch in ihrer Entstehungszeit, es gab ja bekanntlich vor der Tridentinischen Messliturgie keine einheitliche, auf den Ritus der Kanoniker vom Heiligen Grab in Jerusalem verpflichtet. Dieser aber war nichts anderes als ein Kompositum von lateinischen und griechischen Elementen. Doch bereits am 13. Februar 1244 kam es durch Papst Innozenz IV. zu einer Approbation der Dominikanerliturgie für den Deutschen Orden. Dies war eine Folge der Tatsache, dass es in den ersten Jahren in Preußen nicht genügend eigene Priester gab und man so besonders auf die Dominikaner zurückgriff[175]. Hierbei handelte es sich jedoch um eine frühe Form, welche noch auf den heiligen Dominikus oder den zweiten General des Ordens zurückging und welche, zumindest was den Kalender anging, auf die eigenen Bedürfnisse angepasst wurde[176]. Auffallend ist, das man sich hier bei den Heiligen besonders an die im Heiligen Land verbreitete Verehrung anglich[177]. Die Prägung durch den Dominikanerorden ist also in der Liturgie nicht zu übersehen, zumal die Priesterbrüder deren Liturgie von sich aus übernahmen. Später führte der Mangel an eigenen Priestern dazu, dass der Orden von der dominikanischen Eigenliturgie abrückte und nach dem Konzil von Trient, zumal der Orden seine Kirchen häufig mit „Leihpriestern" besetzte, die römische Liturgie übernahm[178]. Endgültig geschah dies im Jahre 1624[179].

7.2.2 Chorgebet

Nach den Satzungen des Ordens waren die Priesterbrüder zum gemeinsam gesungenen Chorgebet verpflichtet[180]. Dieses war, wie auch die heilige Messe, ursprünglich an der

---

[175] Ewald Volgger, Die Priester im Deutschen Orden, in: Heinz Noflatscher, Der Deutsche Orden in Tirol, Bozen 1991, S. 54

[176] Hierbei gab es unter anderem das Eigenfest der Translatio sanctae Elisabeth (2. Mai).

[177] Ewald Volgger, Bestätigung der Notula durch Papst Alexander IV., in: 800 Jahre Deutscher Orden (Ausstellungskatalog), Gütersloh/München 1990, S. 409

[178] Ewald Volgger, Die Priester im Deutschen Orden, in: Heinz Noflatscher, Der Deutsche Orden in Tirol, Bozen 1991, S. 54

[179] Ewald Volgger, Die Priester im Deutschen Orden, in: Heinz Noflatscher, Der Deutsche Orden in Tirol, Bozen 1991, S. 55

[180] Ewald Volgger, Bestätigung der Notula durch Papst Alexander IV., in: 800 Jahre Deutscher Orden (Ausstellungskatalog), Gütersloh/München 1990, S. 409

der Liturgie der Kanoniker vom heiligen Grab orientiert und wurde 1244 der Dominikanerliturgie angeglichen[181]. Man kann eindeutig sagen, das dass Gebet die tägliche Hauptaufgabe der Priesterbrüder war, nahm es doch, wenn es ganz gesungen wurde, rund sieben Stunden des Tages in Anspruch. Doch war es nicht nur für die Kleriker verpflichtend, alle übrigen Brüder hatten dem Gebet ebenfalls beizuwohnen[182]. Dies ist eine nicht zu unterschätzende Leistung. Denn auch Singen ist mühsam und die Kälte im Winter hat dieses gewiss noch erschwert. Für gewöhnlich fand das Chorgebet, dem das „breviario des ordens" zugrunde lag[183], in der ordenseigenen Kapelle oder Kirche der Kommende statt. Doch sollte es auch im Kriegslager nicht unterbleiben, so das „Im Lager der Kaplan zu allen Horen zur festgesetzten Zeit läuten lasse"[184]. War die Zahl der im Konvent lebenden Priesterbrüder zu gering, wurden sie hierbei von weltlichen Kaplänen unterstützt, welche für diese Tätigkeit vom Orden Kost und Lohn erhielten[185]. Wie wir aus den Visitationsberichten der Jahre 1442 bis 1446 sehen können, war dies zu dieser Zeit in den preußischen Kommenden der Regelfall. Fürderhin erwähnen die Visitationsberichte hier die Beteiligung der Scholaren (Schüler) am Chorgebet, was wir sicherlich auch in den übrigen Kommenden voraussetzen können. Folgen wir den Zahlen der genannten Berichte, so dürfte hier die Zahl der am Chorgebet beteiligten Personen stets zwischen zwei und sechs gelegen gewesen sein[186]. Übrigens ist die Unterstützung durch Scholaren auch für den Priesterkonvent Neuenbiesen noch bis ins 18. Jahrhundert hinein belegt. Sie waren stets vier, lebten im Haus und unterstanden dem Sakristan oder ältesten Priesterbruder[187]. Die wohl schon recht früh auftretende geringe Zahl der Priestersterbrüder in den verschiedenen Konventen schein dann bereits gegen Ende des 13. Jahrhunderts zu einer Verminderung des Chorgebetes geführt zu haben, so das sich das Generalkapitel von 1292 gedrängt sah die besondere Verpflichtung zum gemeinsam gesungenen Chorgebet noch einmal deutlich auszusprechen. Dieses, so das Kapitel, habe auch stattzufinden wenn es nur

[181] Jörg Seiler, Der Deutsche Orden in Frankfurt, Marburg 2003, S. 96

[182] Marjan Tumler, Der Deutsche Orden im Werden, Wachsen und Wirken bis 1400 mit einem Abriß der Geschichte des Ordens von 1400 bis zur neuesten Zeit, Wien 1954, S. 441-442

[183] Peter Heim, Die Deutschordenskommende Beuggen und die Anfänge der Ballei Elsass-Burgund, Bad Godesberg 1977, S. 50

[184] Marjan Tumler, Der Deutsche Orden im Werden, Wachsen und Wirken bis 1400 mit einem Abriß der Geschichte des Ordens von 1400 bis zur neuesten Zeit, Wien 1954, S. 442

[185] Peter Heim, Die Deutschordenskommende Beuggen und die Anfänge der Ballei Elsass-Burgund, Bad Godesberg 1977, S. 50

[186] Marian Biskup, Irena Janosz-Biskupowa, Visitationen im Deutschen Orden im Mittelalter 1236-1449, Marburg 2002, S. 197-201

[187] Michael Van Der Eycken, Het dagelijks Leven, in: Nieuwen Biesen in Alden Biesen. 5 eeuwen Duitse Orde in Maastricht., Maastricht 1989, S. 69-70

einen Priester und einen Schüler gibt[188]. Doch schon unter dem Hochmeister Dietrich von Altenburg (1335-1341) sah man sich zu einer Mäßigung veranlasst, so das dieses nur noch in Konventen mit wenigstens zwei Priesterbrüdern und zwei Schülern galt, den übrigen wurde der Gesang erlassen, nicht aber das gemeinsame Gebet. In der Folgezeit wurden zudem auch die weltlichen Kapläne und die Scholaren vom Nachtchor dispensiert[189]. Die Visitationsberichte zwischen 1442 und 1446 liefern uns hierzu, zumindest für Preußen, einen guten Überblick. So musste der Priesterbruder in Golau bei der Visitation ermahnt werden, dass er die Gebetszeiten zu halten habe. Erschwerend für ihn kam hinzu, dass er der einzige Ordenspriester in diesem Hause war und es außer ihm nur noch einen Scholaren gab, das Chorgebet also faktisch ausfiel. Auch in der Kommende Rheden verabsäumte man den Nachtchor[190]. In den meisten Fällen fand jedoch das volle Chorgebet statt, wobei man jedoch in Preußen zumeist nur „frumeß, homeß und fesper" sang, die andern Horen aber sprach[191]. Anders wird es wohl auch nicht in den anderen Balleien gewesen sein[192], besonders in Kommenden mit einer geringen Priesterzahl. Die Priesterbrüder, welche in den Pfarreien lebten und ohne Gemeinschaft, so wie es also nach der Reformation der Normalzustand war, beteten ihr Brevier für sich und glichen darin den normalen Weltpriestern. Übrigens gab es auch im Jahre 1605 noch drei Priesterbrüder in Mergentheim, deren Pflichten lediglich aus dem Beten der Tagzeiten und der Mitfeier des gesungenen Amtes in der Schlosskirche bestand[193].

7.4 Die Pfarrei

7.4.1 Besetzung der ordenseigenen Pfarrkirchen

Schon seit frühesten Zeiten wurden dem Orden eigene Pfarreien übertragen, für deren Bestellung er damit die Verantwortung übernahm. Mit dem Jahr 1237 kam es dann zu der rechtlichen Feststellung, dass es dem Orden freistünde den Bischöfen, in deren

188 Ewald Volgger, Bestätigung der Notula durch Papst Alexander IV., in: 800 Jahre Deutscher Orden (Ausstellungskatalog), Gütersloh/München 1990, S. 409

189 Marjan Tumler, Der Deutsche Orden im Werden, Wachsen und Wirken bis 1400 mit einem Abriß der Geschichte des Ordens von 1400 bis zur neuesten Zeit, Wien 1954, S. 442

190 Marian Biskup, Irena Janosz-Biskupowa, Visitationen im Deutschen Orden im Mittelalter 1236-1449, Marburg 2002, S. 202-203

191 Marian Biskup, Irena Janosz-Biskupowa, Visitationen im Deutschen Orden im Mittelalter 1236-1449, Marburg 2002, S. 201-205

192 In der Kommende Sachsenhausen fand das Konventsamt 1470 bei Sonnenaufgang statt (im Sommer also etwa um 6.00 Uhr), anschließend die Frühmesse. (Jörg Seiler, Der Deutsche Orden in Frankfurt, Marburg 2003, S. 96)

193 Bernhard Demel, Das Priesterseminar des Deutschen Orden zu Mergentheim, Bad Godesberg 1972, S. 39-40

Sprengel die Pfarreien gelegen waren, geeignete Priester vorzuschlagen, zu deren Ernennung die Diözesanbischöfe dann auch seit 1258 verpflichtet waren[194]. Ursprünglich versuchte man die Seelsorge auf große Pfarreien zu konzentrieren, von denen aus man entferntere Filialkirchen betreute. Dieses war nicht ohne Ziel geschehen, denn nur unter dieser Voraussetzung konnte ein gemeinschaftliches Leben im Konvent bestand haben und ein zerstieben der Priesterbrüder in alle Richtungen verhindert werden[195]. Doch machte eine zunehmende Übernahme von Pfarreien dem Ziel ein Ende, denn man besetzte auch abgelegene Pfarreien mit eigenen Priestern, deren Patronat man erhalten hatte. So wie die Pfarrei Geldrop, die 1462 an den Orden kam und seit 1485 mit einem eigenen Priester besetzt wurde[196]. Die Reformation brachte dem Orden einen enormen Verlust an Priesterbrüdern, so dass ein flächendeckendes Aufrechterhalten der Seelsorge in den inkorporierten Pfarrkirchen mit eigenen Kräften nicht mehr zu bewerkstelligen war[197]. Aus diesem Grunde setzte der Orden in den kommenden Jahrhunderten immer wieder Weltpriester in den eigenen Kirchen und Kommenden ein[198]. Welch einen enormen Bedarf es an eigenen Priestern gab, zeigt die Tatsache, dass alleine das Meistertum in Mergentheim und die Ballei Franken 72 Pfarreien, 11 Benefizien und 29 Kaplaneien in 11 Diözesen besaßen[199]. Bevorzugt besetzt wurden diese natürlich mit ordenseigenen Priestern und Alumnen des Ordensseminares. Seminaristen von Mergentheim erhielten ein Benefizium nach der Dauer ihres Aufenthaltes. Wer am längsten im Hause war, der erhielt als erster ein Benefizium. Wer sich jedoch hatte etwas zu Schulden kommen lassen, der wurde zurückgestuft. So konnte die Wartezeit zwischen wenigen Monaten und mehreren Jahren betragen[200].

7.4.2 Der Pfarrdienst

Wenn wir uns eine Pfarrkirche des Mittelalters betrachten, so finden wir in Städten oftmals eine Kirche mit mehreren Priestern vor, auf dem Land konnte es auch schon

[194] Ewald Volgger, Die Priester im Deutschen Orden, in: Heinz Noflatscher, Der Deutsche Orden in Tirol, Bozen 1991, S. 47

[195] Ulrich Gasser, Die Priesterkonvente des Deutschen Ordens. Peter Riegler und ihre Wiedererrichtung 1854-1897, Bad Godesberg 1973, S. 5

[196] J. C. Coenen, Die Kirche von Geldrop, in: Ritter und Priester. Acht Jahrhunderte Deutscher Orden in Nordwesteuropa. (Ausstellung der Landkommanderij Alden Biesen), Alden Biesen 1992, S. 99

[197] Bernhard Demel, Das Priesterseminar des Deutschen Orden zu Mergentheim, Bad Godesberg 1972, S. 9

[198] Bernhard Demel, Das Priesterseminar des Deutschen Orden zu Mergentheim, Bad Godesberg 1972, S. 23

[199] Bernhard Demel, Das Priesterseminar des Deutschen Orden zu Mergentheim, Bad Godesberg 1972, S. 25

[200] Bernhard Demel, Das Priesterseminar des Deutschen Orden zu Mergentheim, Bad Godesberg 1972, S. 217

mal der Pfarrer alleine sein. Von all diesen Priestern, die an der Pfarrkirche lebten, waren lediglich der Pfarrer und ein zweiter Priester, im Amt des Vikars, für die Seelsorge zuständig. Bei all den übrigen Priestern handelte es sich lediglich um Altaristen, welche an einem bestimmten Altar ihre Messe zu feiern, ansonsten aber nichts mit der Seelsorge zu tun hatten.

Doch wie sah nun die Tätigkeit des Pfarrers und, wenn vorhanden, des Vikars oder Kaplans aus? Im Mittelalter, und noch bis ins ausgehende 18. Jahrhundert, bestand die Seelsorge vor allem aus dem Spenden der Sakramente und, wenn auch nicht ganz so wichtig, der Predigt. Hiermit war er in räumlich ausgedehnten Pfarreien, musste er doch alle Wege zu Fuß zurücklegen, und auch bevölkerungsstarken Pfarrgebieten schon reichlich ausgelastet. Er taufte Kinder, segnete Ehen ein, die Wöchnerinnen aus, brachte den Kranken der Gemeinde die Wegzehrung und versah sie mit der letzten Ölung, begrub die Toten und hörte die Beichte. Zu alledem musste er sich dann noch hinsetzen und Gedanken über die Predigt machen[201]. In größeren Pfarren und wichtigen Kirchen konnte es hierfür auch schon einmal einen eigens bestellten Prediger geben[202].

Doch richtete sich der Arbeitsaufwand natürlich nach der Größe einer Pfarrei. Hierzu haben wir eine Überlieferung der Pfarrei Schlanders, aus dem Jahre 1380. Da es sich bei Schlanders um eine ausgedehnte Landpfarre handelte, musste die Gemeinde dem Pfarrer ein Pferd zur kirchliche Verrichtungen und Versehgänge stellen und versorgen. Die zahlreichen Außenstellen der Pfarrei sollten „ex currendo", also vom Pfarrsitz aus versorgt werden. Dabei beschränkte es sich allerdings auf die Zelebration einer wöchentlichen oder monatlichen Messe. Abgesehen davon, dass der Pfarrer in der Pfarrkirche die Frühmesse zu zelebrieren hatte, wurden zu zahlreichen Heiligentagen und wichtigen Festen wie Ostern, Weihnachten oder Pfingsten noch Sondergottesdienste in den Außenstellen angesetzt. Hierbei waren die Bewohner zur Versorgung des Priesters verpflichtet[203]. Dass sich dieses in den nächsten Jahrhunderten nicht wesentlich verändert haben kann, sehen wir an der ausgedehnten Pfarrei Sarnthain. Hier betonte der Pfarrer 1782, dass die Pfarre, mit Ausnahme des Dorfes

[201] Eduard Hegel (Hg.), Geschichte des Erzbistums Köln. 2. Band: Das Erzbistum Köln im späten Mittelalter (1197-1515), Köln 1995, S. 399
[202] Josef Hemmerle, Die Deutschordens-Ballei Böhmen in ihren Rechnungsbüchern 1385-1411, Bad Godesberg 1967, S. 52
[203] Christoph Gufler, Die Pfarreien, in: Heinz Noflatscher (Hg.), Der Deutsche Orden in Tirol. Die Ballei Etsch und im Gebirge., Bozen 1991, S 444-445

selbst, nur aus weitverstreuten und schwer zugänglichen Einzelhöfen bestehe, die von der Kirche eine bis drei Stunden entfernt lagen. Noch 1862 klagte der Pfarrer, dass lediglich 31% der Parochianen im Dorf und seiner nächsten Umgebung lebten. 19% lebten 45 Minuten entfernt, 24 % 1 bis 1 ½ Stunden und 26% 2 bis 2 ½ Stunden von der Pfarrkirche entfernt[204]. Die Ausdehnung von St. Leonhard i. P. war sogar so enorm, dass sie von drei Priestern nicht betreut werden konnte und man zwischen 1731 und 1771 zur Schaffung fünf eigener Seelsorgsstellen schritt[205].

7.5 Weitere Tätigkeiten

War der Dienst in der Seelsorge, sei es als Pfarrer oder Kaplan, auch der häufigste, so war er doch nicht der Einzige. Je nach Aufgabestellung konnte die Betätigung des Priesterbruders in der Seelsorge oder Administration liegen. Manchmal überschnitten sie sich auch oder kamen in Personalunion zusammen.

So waren die Priesterbrüder auch im Schuldienst tätig. Doch sollte die regelmäßige Erwähnung von Schülern, besonders in Preußen, uns nicht zur Annahme eines ausgedehnten Unterrichtswesens verleiten. Es handelte sich hierbei wohl eher um Zöglinge für den Ordensnachwuchs, was einem auch ihre geringe Anzahl, es waren in Preußen immer nur ein oder zwei, in den bereits zu Hilfe gezogenen Visitationsberichten nahe legen. Gelehrt bekamen sie wohl Lesen, Schreiben, Latein und Choralgesang. Dies ist das mindeste. Denn da sie zur Teilnahme am Chorgebet verpflichtet waren, gehörte dieses zur Grundausrüstung[206]. Auch in deutschen Kommenden war die Zahl der Schüler nicht viel höher. So besaß die Ordensschule in Oettingen, welche neben der Stadtschule existierte, ebenfalls nur 12 Schüler[207]. Auch sie waren zum Choralgesang verpflichtet[208]. Wie die Schüler der Domschulen in Preußen, so werden sicherlich auch alle anderen Schüler der Ordensschulen erst nach ihrer Weihe in den Orden aufgenommen worden sein[209].

---

[204] Erika Kustatscher, Die Deutschordenspfarre Sarntheim, Marburg 1996, S. 57-58

[205] Christoph Gufler, Die Pfarreien, in: Heinz Noflatscher (Hg.), Der Deutsche Orden in Tirol. Die Ballei Etsch und im Gebirge., Bozen 1991, S 459

[206] Marian Biskup, Irena Janosz-Biskupowa, Visitationen im Deutschen Orden im Mittelalter 1236-1449, Marburg 2002, S. 197-201

[207] Josef Hopfenzitz, Kommende Oettingen Deutschen Ordens (1242-1805). Recht und Wirtschaft im territorialen Spannungsfeld., Bad Godesberg 1975, S. 168

[208] Josef Hopfenzitz, Kommende Oettingen Deutschen Ordens (1242-1805). Recht und Wirtschaft im territorialen Spannungsfeld., Bad Godesberg 1975, S. 170

[209] Ewald Volgger, Die Priester im Deutschen Orden, in: Heinz Noflatscher, Der Deutsche Orden in Tirol, Bozen 1991, S. 52

Ein Amt mit doppelter Aufgabenstellung war das eines Spitalmeisters. Jedes Spital, auch als Firmarie bezeichnet, besaß einen eigenen Haushalt. Lag das Spital bei einer Kommende, so unterstand es gewöhnlich der Aufsicht des Komturs. War es bei einer Pfarrkirche, so unterstand es der Aufsicht des jeweiligen Pfarrers. Ihnen wurde einmal im Jahr durch den Spitalmeister Rechnung gelegt, der ansonsten alles zu seinem Gebrauch hatte. Im Jahre 1515 wurde seine Hinterlassenschaft erstmals genauer geregelt, wohl weil es immer wieder zu Problemen kam. Danach sollten seine Schulden vom Vermögen des Spitals bezahlt werden. Sollten sie jedoch höher wie das Spitalsvermögen liegen, so fielen zwei Drittel von ihnen an den Deutschmeister und ein Drittel an den jeweiligen Komtur. Die Kleider des Nachlasses aber sollten unter den Brüdern des Konventes aufgeteilt werden[210]. Doch beinhaltete die Tätigkeit des Spitalmeisters auch die seelsorgliche, und vor allem sakramentale Begleitung der Kranken. Hierbei sollte der Priesterbruder zur Spendung der Krankenkommunion von einem Schüler mit brennender Kerze vorausgehend begleitet werden. Zudem sollte er täglich mit einem Schüler das Offizium und das marianische Stundengebet im Spital vollziehen[211]. Der Umfang der Arbeitslast hing hierbei wohl nicht zuletzt von der Größe des Spitals ab und anscheinend befreite sie den Stelleninhaber auch von Pflichten innerhalb der Kommende. Als Herr Peter, der Spitalmeister von Ulm, im Juni 1501 nach Regensburg versetzt wurde, trug man ihm ausdrücklich auf, dass er „in der kirchen mitsingen und lesen behilfflich sey, doch ongenot meß zu halten“[212].

Das Amt des Generalprokurators, welches nicht unbedingt mit einem Ordensmitglied besetzt sein musste, gelangte mehrmals in die Hände eines Priesterbruders. Es war ein Vertrauensposten, welcher durch den Hochmeistervergeben und oftmals bis zu zwei Jahrzehnten versehen wurde[213]. Der Inhaber lebte an der Kurie, wo er als Verbindungsmann zwischen dem Papst und dem Orden fungierte. Da er hierbei immer wieder in finanzielle Vorlage treten musste, die Zahlungen des Hochmeisters kamen nicht unbedingt zum gewünschten Zeitpunkt, konnte er mitunter hochverschuldet

[210] Marian Biskup, Protokolle der Kapitel und Gespräche des Deutschen Ordens im Reich (1499-1525), Marburg 1991, S.158-160
[211] Marjan Tumler, Der Deutsche Orden im Werden, Wachsen und Wirken bis 1400 mit einem Abriß der Geschichte des Ordens von 1400 bis zur neuesten Zeit, Wien 1954, S. 389
[212] Marian Biskup, Protokolle der Kapitel und Gespräche des Deutschen Ordens im Reich (1499-1525), Marburg 1991, S. 35
[213] Jan-Erik Beuttel, Der Generalprokurator des Deutschen Ordens an der römischen Kurie., Marburg 1999, S. 568-569

dastehen[214]. Nach ihrer Rückkehr waren sie zumeist als Berater geschätzt und immer wieder mit Gesandtschaften betraut[215]. Sie lebten dann in einem Konvent oder wurden mit einem Kanonikat oder einem Bistum vergütet. Besonders letzteres konnten die meisten Generalprokuratoren des 15. Jahrhunderts für sich in Anspruch nehmen[216], zumal sie ihrem Glück oftmals auch selbst nachhalfen[217].

Ein besonders im ausgehenden Mittelalter attraktiver Posten war wohl der eines Kaplans des Hochmeisters. Hierbei handelte es sich verständlicherweise um einen Vertrauensposten, zumal man in ihm auch den Sekretär und Kanzler desselben erblicken kann. Als besonderer Vertrauensmann konnte er sich einer künftigen Karriere geradezu sicher sein, denn immer wieder versuchte der Hochmeister gerade solche Personen in bestimmte Domkanonikate zu bringen oder auf die preußischen Bischofsstühle zu hieven[218]. Hierbei kamen sie interessanterweise sogar noch eher zum Zug als der Generalprokurator in Rom[219].

Neben dem Kaplan des Hochmeisters oder dem Generalprokurator hat es jedoch noch zahlreiche andere Priesterbrüder gegeben, welche in mehr oder minder wichtigen Verwaltungspositionen tätig waren. So wurde z. B. Heinrich de Eltfelt OT 1488 durch den Landkomtur der Ballei Lothringen zum Verwalter aller französischen Besitzungen ernannt[220]. Auch in den späteren Jahrhunderten, als die Priesterbrüder aus allen Leitungspositionen verdrängt worden waren, finden wir sie immer noch in der Verwaltung. Diese konnte nun von der alleinigen Wirtschaftsführung einer Kommende,

[214] Jan-Erik Beuttel, Der Generalprokurator des Deutschen Ordens an der römischen Kurie., Marburg 1999, S. 574

[215] Jan-Erik Beuttel, Der Generalprokurator des Deutschen Ordens an der römischen Kurie., Marburg 1999, S. 573

[216] Jan-Erik Beuttel, Der Generalprokurator des Deutschen Ordens an der römischen Kurie., Marburg 1999, S. 577

[217] Jan-Erik Beuttel, Der Generalprokurator des Deutschen Ordens an der römischen Kurie., Marburg 1999, S.592

[218] So beauftragte z. B. Hochmeister Ludwig von Erlichshausen den DOP Jodocus Hogenstein an der Kurie die Ernennung des Paul Einwald zum Bischof von Reval durchzusetzen. Gelänge dies nicht, so solle er sich selbst ins Spiel bringen und bei etwaiger Ablehnung auf den Hochmeister-Kaplan Andreas Santberg drängen. Vgl.: Jan-Erik Beuttel, Der Generalprokurator des Deutschen Ordens an der römischen Kurie., Marburg 1999, S. 256

[219] Jan-Erik Beuttel, Der Generalprokurator des Deutschen Ordens an der römischen Kurie., Marburg 1999, S. 594

[220] Rüdiger Schmidt, Die Deutschordenskommenden Trier und Beckingen (1242-1794), Marburg 1974, S. 304

wie bei Lubbert zum Kley OT (+ 1587) in Münster[221], bis zur alleinigen Wirtschaftsführung einer Ballei, so Joseph Leers OT seit 1796 in der Ballei Westfalen, reichen[222].

Eine der jüngeren Tätigkeiten ist die eines Kommendenkaplans. Seine Tätigkeit umfasste die Seelsorge an den Kommendenbewohnern, was in protestantischen Reichstädten oftmals ein gewisses Geschick an Diplomatie beanspruchte. In diesen weitete sich seine Tätigkeit auch auf diplomatische und fürstliche Gäste oder auch katholische Kaufleute aus. Oftmals der einzige katholische Geistliche der Umgebung, war der Priester an der Kommendenkirche oder –kapelle, dem geistlichen Zentrum der wenigen Katholiken der Umgebung und der Kommendenkaplan, daher auch oft Kommendenpfarrer genannt, der Quasipfarrer dieser Leute. Predigten, Krankenbesuche, Beerdigungen und Trauungen gesellten sich dann noch zu seinen Aufgaben hinzu. Damit hatten Kommendenkapläne in katholischen Gegenden nichts zutun. Von den protestantischen Stadträten argwöhnisch beobachtet und in den Gottesdiensten regelmäßig von deren Spitzeln umgeben, konnte jede schlecht gewählte Äußerung zu diplomatischen Verwicklungen führen. Direktes Handeln des Rates, welcher den ungeliebten Kommendenkaplan inhaftierte, ist auch zu verbuchen. Doch garantierte ein Bewähren auf dem glatten reichstädtischen Parkett schon fast eine gewisse Karriere und man berief diese Leute auch gerne, aufgrund ihrer Erprobung, in das Gremium des geistlichen Rates, dem dritten Regierungskollegium der Ordenszentrale, neben Hofrat und Hofkammer[223].

8. Karrieremöglichkeiten

8.1 Karrieremöglichkeiten innerhalb der Ordenshierarchie

Nicht von den Aufgaben und Tätigkeiten zu trennen sind die Karrieremöglichkeiten der Priesterbrüder im Orden, da ein jedes Amt zugleich auch eine Aufgabenstellung mit sich brachte. Hierbei konnte eine Person durchaus über längere Zeit eines Amtes walten, entweder in ein und demselben Haus oder auch durch Versetzung in

---

221 Hans Jürgen Dorn, Die Deutschordensballei Westfalen (Quellen und Studien zur Geschichte des Deutschen Ordens, Bd. 26), Marburg 1978, S. 67

222 Hans Jürgen Dorn, Die Deutschordensballei Westfalen (Quellen und Studien zur Geschichte des Deutschen Ordens, Bd. 26), Marburg 1978, S. 201

223 Bernhard Demel, Der Deutsche Orden in protestantischen Reichsstädten, in: Udo Arnold, Stadt und Orden, Marburg 1993, S. 221-229

verschiedenen Häusern. Auch der Wechsel zwischen verschiedenen Ämtern war nicht unüblich. Auch hier konnte dies in einer oder auch, durch Versetzung, in verschiedenen Kommenden geschehen. Mit dem Verschwinden der Konvente verkleinerte sich jedoch die Karrieremöglichkeit der Priesterbrüder und beschränkte sie weitgehendst auf seelsorgliche Tätigkeiten.

8.1.1 Landkomtur

Auch wenn es selten vorkam, so finden wir im Mittelalter doch auch Priesterbrüder als Landkomturen oder als Statthalter einer Ballei, was denn unter dem Strich dasselbe ist. So wurden Lambert von Neudorf OT, welcher Pfleger der Kommende in Ibersheim war, 1461 durch den Hochmeister zum Statthalter der Kammerballei Koblenz[224] und der Priesterbruder Wenzel 1412 zum Landkomtur der Ballei Böhmen berufen[225]. Der Landkomtur war der Leiter einer Ballei und wird hier und da auch als Provinzial bezeichnet[226]. Ihm oblag die Aufsicht über die Vermögensverwaltung der Kommenden, wie auch die über die Ritter- und Priesterbrüder seiner Ballei.

8.1.2 Komtur

An der Spitze einer jeden Kommende stand der Komtur. Er war, wenn man so will, der Hausobere und zuständig für die Einhaltung der Ordensdisziplin, wie auch der Leitung von Kranken- und Waffendienst. Handelte es sich beim Komtur um einen Priesterbruder, so unterstand ihm auch die Leitung der Seelsorge[227], so dass er bei einer Pfarrkommende oftmals auch zugleich Pfarrer war, aber nicht sein musste[228]. Zudem war der Komtur auch für die Vermögensverwaltung der ihm anvertrauten Kommende zuständig, wobei er jedoch an die Weisungen des Landkomturs gebunden blieb. Eigenmächtig, also ohne Weisung von oben, dürfte er weder Brüder in die Kommende aufnehmen, noch Besitzungen des Hauses veräußern. Bei den jährlich stattfindenden Provinzkapiteln hatte der Komtur, welcher jederzeit seines Amtes enthoben und versetzt werden konnte, Rechenschaft abzulegen. Seit dem 13. Jahrhundert sind uns

---

[224] Hans Limburg, Die Hochmeister des Deutschen Ordens und die Ballei Koblenz, Bad Godesberg 1969, S. 111

[225] Hans G. Boehm, Die Deutschordens-Ballei Thüringen, Bad Mergentheim 1992, S. 32

[226] vgl. Kurt Forstreuter, Der Deutsche Orden am Mittelmeer, Bad Godesberg 1967, S. 155-156

[227] Ekhard Schöffler, Die Deutschordenskommende Münnerstadt. Untersuchungen zu r Besitz-, Wirtschafts- und Personalgeschichte., Marburg 1991, S. 319

[228] Ekhard Schöffler, Die Deutschordenskommende Münnerstadt. Untersuchungen zu r Besitz-, Wirtschafts- und Personalgeschichte., Marburg 1991, S. 385

Priesterbrüder in der Stellung eines Komturs belegt[229]. Diese Stellung konnten sie nicht nur in Priesterkonventen bekleiden, sondern auch in gemischten Konventen, wie es uns für Münnerstadt um 1320 belegt ist[230]. In der Ballei Etsch waren 1391 gar vier von fünf Komturen Priesterbrüder[231]. Wie die Ordensritter, so bezogen auch die Priesterbrüder aus dieser Stellung ein Einkommen. Dies belegt uns der Wechsel des Johann Heuart OT, der Komtur in Luxemburg war und 1652 auf die Kommende Luxemburg übersiedelt, was ihm eine Verbesserung seiner Einkommenslage bescherte[232]. So sehr der Priesterbruder mit der Reformation auch an Bedeutung verlor und zunehmend aus der Leitung des Ordens verdrängt wurde, so scheint er sich hier und da doch noch als leitungsfähiges Ordensmitglied behauptet zu haben. Die Behauptung, dass die Priesterbrüder in der Mitte des 16. Jahrhunderts endgültig aus der Stellung eines Komturs verschwanden[233] kann also nicht gehalten werden. Wenn Johann Heuart OT auch das späteste Beispiel eines Priesterbruders als Komtur ist, finden in Johann Florentin Tyrion OT, der von 1561 bis 1584 als Komtur in Luxemburg residierte[234], doch auch noch einen Beleg für die zweite Hälfte des 16. Jahrhunderts. Auffallend ist jedoch, dass alle diese Spätbelege in der Ballei Lothringen zu finden sind.

8.1.3 Hauskomtur

Der Titel eines Hauskomturs verführt leicht zu der falschen Annahme, dass er der Leiter einer Kommende und Obere eines Konventes gewesen wäre. Faktisch war er jedoch nur der Stellvertreter des Komturs innerhalb der Kommende, welchem das Dienstpersonal unterstand[235]. Wie im Amt des Komturs, so finden wir auch verschiedene Priesterbrüder in der Stellung eines Hauskomturs[236]. Doch scheint dies in der Mitte des 16. Jahrhunderts ein Ende gefunden haben. Dies muss nicht unbedingt an der sinkenden

---

229 Ekhard Schöffler, Die Deutschordenskommende Münnerstadt. Untersuchungen zu r Besitz-, Wirtschafts- und Personalgeschichte., Marburg 1991, S. 319

230 Ekhard Schöffler, Die Deutschordenskommende Münnerstadt. Untersuchungen zu r Besitz-, Wirtschafts- und Personalgeschichte., Marburg 1991, S. 324-325

231 Christoph Gufler, Die Pfarreien, in: Heinz Noflatscher (Hg.), Der Deutsche Orden in Tirol. Die Ballei Etsch und im Gebirge., Bozen 1991, S. 443

232 Rüdiger Schmidt, Die Deutschordenskommenden Trier und Beckingen 1242-1794, Marburg 1974, S. 357

233 Ekhard Schöffler, Die Deutschordenskommende Münnerstadt. Untersuchungen zur Besitz-, Wirtschafts- und Personalgeschichte., Marburg 1991, S. 319

234 Rüdiger Schmidt, Die Deutschordenskommenden Trier und Beckingen 1242-1794, Marburg 1974, S. 332

235 Peter Heim, Die Deutschordenskommende Beuggen und die Anfänge der Ballei Elsass-Burgund, Bad Godesberg 1977, S. 113

236 Rüdiger Schmidt, Die Deutschordenskommenden Trier und Beckingen 1242-1794, Marburg 1974, S. 328

Bedeutung der Priesterbrüder gelegen haben, wurde doch noch ein solcher 1652 zum Komtur von Beckingen ernannt[237]. Eine Ursache ist auch im Verschwinden der Konvente und damit des Amtes eines Hauskomturs generell zu sehen, finden wir solche doch nur noch vereinzelt einmal vor.

8.1.4 Trappier

Der Trappier, auch Tressler oder Thesaurar genannt, war in einer Kommende für die Vermögensverwaltung zuständig. Er führte die Rechnung und sorgte für die ordnungsgemäße Einnahme der Abgaben von den zur Kommende gehörenden Güter[238].

8.1.5 Zinsmeister

Für die in Empfangnahme der Natural- und Geldeinkünfte einer Kommende verantwortlich, war der Zinsmeister vermutlich oft außer Haus und zog die genannten Einkünfte persönlich ein[239].

8.1.6 Pitanzenmeister

Ihm waren die frommen Stiftungen der Kommende anvertraut. Als solches war er zuständig für die Einziehung des Stiftungsvermögens, z. B. aus einem Nachlass, und für die Erfüllung der entsprechend daran geknüpften Bedingungen. Also für die Abhaltung der entsprechenden Gottesdienste[240]. Auch wenn es nicht in jeder Kommende einen Pitanzenmeister gab, so wurde das Stiftungsvermögen doch fast immer klar vom übrigen Kommendenvermögen unterschieden und getrennt verwaltet[241].

8.1.7 Prior

Ein uns nicht sehr häufig begegnendes Amt ist das des Priors. Dieses, stets von einem Priesterbruder bekleidet, hat es angeblich in allen größeren Kommenden gegeben, so dass ihm die übrigen Geistlichen des Konventes unmittelbar unterstanden[242]. Wahrscheinlicher ist jedoch die Annahme, dass es einen solchen in jeder Ballei nur

[237] Rüdiger Schmidt, Die Deutschordenskommenden Trier und Beckingen 1242-1794, Marburg 1974, S. 357

[238] Jörg Seiler, Der Deutsche Orden in Frankfurt, Marburg 2003, S. 528

[239] Jörg Seiler, Der Deutsche Orden in Frankfurt, Marburg 2003, S. 536

[240] Jörg Seiler, Der Deutsche Orden in Frankfurt, Marburg 2003, S. 540

[241] Josef Hopfenzitz, Kommende Oettingen Deutschen Ordens (1242-1805). Recht und Wirtschaft im territorialen Spannungsfeld., Bad Godesberg 1975, S. 46

[242] Ulrich Gasser, Die Priesterkonvente des Deutschen Ordens. Peter Riegler und ihre Wiedererrichtung 1854-1897, Bad Godesberg 1973, S. 5

einmal gab und er der Vorgesetzte aller Balleikleriker war. Jedenfalls würde uns dieses auch erklären, warum wir in anderen Konventen keinen Prior, sondern einen Priesterbruder als Komtur oder Sakristan vorfinden, auch wenn diese über eine größere Zahl von Priesterbrüder verfügten. Damit wäre der Prior so etwas wie ein Provinzial gewesen, dessen Amtssitz möglicherweise an ein gewisses Haus gebunden gewesen war. Im Großpastor von Saint-Andre zu Lüttich können wir wohl ein Überbleibsel des Priorates bis in das 18. Jahrhundert hinein erkennen. Dieser war der geistliche Leiter der Balleipriester, mit welchem sich der Landkomtur über die Angelegenheit der Priesterbrüder beraten hat. Zugleich konnte er jedoch auch in eigener Funktion einschreiten[243] und den Landkomtur erst bei größeren Problemen zu Hilfe holen. Zudem führte er mit den Ordenskandidaten vor dem Eintritt das Aufnahmegespräch und gab sein Votum über deren Zulassung zur Profess[244]. Auch für die Ballei Lothringen finden wir dieses im 18. Jahrhundert. Hier scheint die Rolle durch den Pfarrer von Rachtig übernommen worden zu sein, der z. B. 1660 den Peter Schenk OT in den Orden aufnahm und zum Kommendengeistlichen in Trier bestimmte[245].

Weitere Prioren finden sich 1237 für die Ballei Apulien in Trani, wo es zudem ab 1240 auch einen Komtur gab und das später nach Brindisi verlegt wurde[246], 1322 in der Ballei Lamparten, wo er in Bologna residierte[247], in der Ballei Böhmen zu Dobrowitz[248] und schließlich für die Ballei Hessen in Marburg. Letzterer scheint der hervorragendste Prior des Ordens gewesen zu sein. Bereits 1246 erhielt er das Recht an hohen Feiertagen zur Hl. Messe in der Elisabethkirche die Mitra zu tragen[249], was Papst Martin V. ihm am 31. August 1426 erneut bestätigte. Hierbei wurden ihm ausdrücklich Mitra, Stab, Ring und andere bischöfliche Abzeichen zugestanden[250]. Auch in der Reichskirche wurde dem Prior von Marburg mit der Erhebung zum kaiserlichen Hofkaplan, durch

---

[243] Nicole Laguesse-Plumier, Comanderij of Paochie?, in: Saint-Andre. De Duitse Orde in Luik (1254-1794)., Opglabbeek 1991, S. 47

[244] Nicole Laguesse-Plumier, Comanderij of Paochie?, in: Saint-Andre. De Duitse Orde in Luik (1254-1794)., Opglabbeek 1991, S. 50

[245] Rüdiger Schmidt, Die Deutschordenskommenden Trier und Beckingen 1242-1794, Marburg 1974, S. 357

[246] Marjan Tumler, Tumler, Marjan: Der Deutsche Orden im Werden, Wachsen und Wirken bis 1400 mit einem Abriß der Geschichte des Ordens von 1400 bis zur neuesten Zeit, Wien 1954, S. 76-77

[247] Marjan Tumler, Tumler, Marjan: Der Deutsche Orden im Werden, Wachsen und Wirken bis 1400 mit einem Abriß der Geschichte des Ordens von 1400 bis zur neuesten Zeit, Wien 1954, S. 82

[248] Josef Hemmerle, Die Deutschordens-Ballei Böhmen in ihren Rechnungsbüchern 1385-1411, Bad Godesberg 1967, S. 150-151

[249] Klaus Militzer, Die Entstehung der Deutschordensballeien im Deutschen Reich, Marburg 1970, S. 96

[250] 700 Jahre Elisabethkirche in Marburg, Katalog 5: Der Deutsche Orden in Hessen, Marburg 1983, Nr. 81

Kaiser Karl IV. am 18. Mai 1375, eine besondere Stellung zugebilligt. Hierzu übersandte ihm der Kaiser einen kostbaren Ring[251]. Mit der Reformation und dem Verschwinden der Konvente, war jedoch auch der Untergang des Priorenamtes eingeläutet.

8.1.8 Novizenmeister

Wie in jedem anderen Orden, so gab es auch im Deutschen Orden ein Noviziat zu durchlaufen. Dieses dauerte, und das war für Ritter- und Priesternovizen gleich, ein Jahr. Während die erste Hälfte gewöhnlich in der Landkommende stattfand, musste der Novize die zweite Hälfte seines Noviziatsjahres am Sitz des Hochmeisters in Mergentheim verbringen. Wurden die Novizen auch durch den jeweiligen Landkomtur beaufsichtigt, so gab es doch stets einen Ordenspriester als Novizenmeister, der sie in die Geschichte des Ordens, Ordensverfassung, Regeln, Statuten und Spiritualität einführte. Für diese Tätigkeit erhielt der Priesterbruder übrigens ein geziemendes Honorar durch den Ritternovizen, welches sich im 18. Jahrhundert bei Direktor Höpfner in Mergentheim auf 30 Gulden pro Ritternovizen belief. Kurz vor Ablauf der zweiten Noviziatshälfte hatte der Mergentheimer Novizenmeister, oftmals der Direktor des Seminars, dem Geistlichen Rat einen genauen Bericht über die Lebensführung und die Eigenschaften des Novizen in schriftlicher Form abzugeben[252].

8.2 Karrieremöglichkeiten innerhalb des Ordens

8.2.1 Pröpste

Über verschiedene Wege ist der Orden auch in den Besitz von Propsteien gekommen. So besaß er in der Balleien Thüringen die Propstei Zschillen, welches ein ehemaliges Augustinerchorherrenstift war und 1278 in den Besitz des Ordens gelangte[253]. Das Kapitel des Deutschmeisters behielt sich 1501 ausdrücklich die Amtsenthebung unfähiger Amtsinhaber vor, welche auch immer zugleich die dortigen Pfarrer waren[254]. Bekleideten die Pröpste auch häufig zugleich das Amt des Komturs von Zschillen[255], so

[251] 700 Jahre Elisabethkirche in Marburg, Katalog 5: Der Deutsche Orden in Hessen, Marburg 1983, Nr. 79

[252] Bernhard Demel, Das Priesterseminar des Deutschen Orden zu Mergentheim, Bad Godesberg 1972, S. 196-198

[253] Hans G. Boehm, Die Deutschordens-Ballei Thüringen, Bad Mergentheim 1992, S. 6

[254] Marian Biskup (Hg.), Protokolle der Kapitel und Gespräche des Deutschen Ordens im Reich (1499-1525), Marburg 1991, S. 36

[255] Marian Biskup (Hg.), Protokolle der Kapitel und Gespräche des Deutschen Ordens im Reich (1499-1525), Marburg 1991, S. 199

fiel die Propstei doch der Reformation zum Opfer[256]. Eine weitere Propstei war das in der Ballei Sachsen gelegene und erstmals 1510 erwähnte Altenburg[257]. In Böhmen besaß das Spital von Pilsen, es ist nicht mit der Pfarrei zu verwechseln, noch vor 1404 eine Propstei, deren Inhaber nicht auf Lebzeiten war und jederzeit wieder versetzt werden oder des Amtes verlustig gehen konnte[258]. Wie die meisten Niederlassungen in Böhmen, so geriet auch die Propstei zwischen 1411 und 1413 an den König, welcher sie dem Orden entzog[259]. Der Pfarrer der dem Orden in Pilsen inkorporierten Pfarrei erhielt 1534 durch den päpstlichen Legaten die Pontifikalien. Doch kam nur noch der Priesterbruder Matthäus Schwihowski OT in diesen Genuss, dann ging dem Orden auch diese Prälatur in Böhmen verloren[260]. Auch Mergentheim scheint 1510 einen Propst besessen zu haben[261].

8.2.2 Dechanten

Zu den verschiedenen Benefizien und Instituten, welche dem Orden inkorporiert waren, sind auch die im Bereich des Meistertums in Schlesien gelegenen Dekanate Troppau[262] und Freudenthal[263] zu rechnen. Ob Ellingen, dem Georg Anselm Steinmüller OT seit 1695 als Landdechant vorstand[264], dem Orden ebenso inkorporiert war ist jedoch nicht bekannt.

8.2.3 Seminardirektor in Mergentheim

Mit der Errichtung eines Priesterseminars in Mergentheim, 1607, wurde auch die Stelle eines Direktors geschaffen, welcher als verantwortlicher Leiter des Hauses galt. Für dieses Amt kamen nur solche Leute in Frage, die sich bereits in der Seelsorge bewährt hatten, war die Aufgabe des Direktors doch die geistige und geistliche Formung des

---

[256] Hans G. Boehm, Die Deutschordens-Ballei Thüringen, Bad Mergentheim 1992, S. 7

[257] Marian Biskup (Hg.), Protokolle der Kapitel und Gespräche des Deutschen Ordens im Reich (1499-1525), Marburg 1991, S. 148

[258] Josef Hemmerle, Die Deutschordens-Ballei Böhmen in ihren Rechnungsbüchern 1385-1411, Bad Godesberg 1967, S. 118-119

[259] Josef Hemmerle, Die Deutschordens-Ballei Böhmen in ihren Rechnungsbüchern 1385-1411, Bad Godesberg 1967, S. 31

[260] Josef Hemmerle, Die Deutschordens-Ballei Böhmen in ihren Rechnungsbüchern 1385-1411, Bad Godesberg 1967, S. 33

[261] Marian Biskup (Hg.), Protokolle der Kapitel und Gespräche des Deutschen Ordens im Reich (1499-1525), Marburg 1991, S. 137

[262] Winfried Irgang, Freudenthal als Herrschaft des Deutschen Ordens 1621-1725, Bad Godesberg 1971, S. 187

[263] Winfried Irgang, Freudenthal als Herrschaft des Deutschen Ordens 1621-1725, Bad Godesberg 1971, S. 198

[264] Bernhard Demel, Das Priesterseminar des Deutschen Orden zu Mergentheim, Bad Godesberg 1972, S. 93

zukünftigen Klerus im Deutschordensgebiet[265]. Der Direktor wurde durch den Hochmeister ernannt, wobei dem Landkomtur der Ballei Franken jedoch ein gewisses Mitspracherecht zukam. Da es sich hier um das Seminar eines exemten Ordens handelte, lag die Rechtfertigungspflicht lediglich gegenüber der Ordensleitung, nicht aber gegenüber dem Diözesanbischof. Der Direktor übernahm sein Amt mit der Zustellung der Ernennungsurkunde und der Einführung in sein neues Amt, womit ihm nicht nur die Alumnen unterstanden, sondern auch das gesamte Hauspersonal[266]. Neben dieser Tätigkeit, war er auch immer zugleich Hofpfarrer und Hofprediger der benachbarten Hochmeisterresidenz. Die Hofkapelle aber war der Gottesdienstraum für die offiziellen Feierlichkeiten des Gesamtordens, wie auch der Ordensritter, Beamten und des Dienstpersonals innerhalb des Schlossbezirkes[267]. Zugleich war der Direktor seit 1671 auch immer Mitglied des Hochmeisterlichen Geistlichen Rates[268], der ja auch über die Vergabe von Benefizien bestimmte und das Seminar und den Klerus im Meistertum beaufsichtigte[269]. Obendrein war er auch noch Mitglied der Schulbehörde[270], Aufseher der Hofbibliothek[271] und gelegentlich auch Novizenmeister[272]. Seine umfangreichen Tätigkeiten wurden dem Direktor nicht nur durch ein entsprechendes Deputat entlohnt, erhielt er 1606 noch 60 Florin, so waren es 1800 bereits 360 Florin, sondern auch noch durch freie Zuwendungen an Wein, Holz, Licht, Schreibmaterial und sonstige Honorare[273].

8.2.4 Mergentheimer Seminarpräfekt

Das Amt des Seminarpräfekten tritt seit dem 17. Jahrhundert nur gelegentlich auf und wurde erst 1775 zu einer festen Einrichtung. Nichtsdestotrotz gab es zeitweise sogar

[265] Bernhard Demel, Das Priesterseminar des Deutschen Orden zu Mergentheim, Bad Godesberg 1972, S. 160

[266] Bernhard Demel, Das Priesterseminar des Deutschen Orden zu Mergentheim, Bad Godesberg 1972, S.163

[267] Bernhard Demel, Das Priesterseminar des Deutschen Orden zu Mergentheim, Bad Godesberg 1972, S. 166-167

[268] Bernhard Demel, Das Priesterseminar des Deutschen Orden zu Mergentheim, Bad Godesberg 1972, S. 185

[269] Bernhard Demel, Das Priesterseminar des Deutschen Orden zu Mergentheim, Bad Godesberg 1972, S. 188

[270] Bernhard Demel, Das Priesterseminar des Deutschen Orden zu Mergentheim, Bad Godesberg 1972, S. 193

[271] Bernhard Demel, Das Priesterseminar des Deutschen Orden zu Mergentheim, Bad Godesberg 1972, S. 199

[272] Bernhard Demel, Das Priesterseminar des Deutschen Orden zu Mergentheim, Bad Godesberg 1972, S. 196

[273] Bernhard Demel, Das Priesterseminar des Deutschen Orden zu Mergentheim, Bad Godesberg 1972, S. 202

drei von ihnen gleichzeitig. Die Suche nach einem geeigneten Präfekten, welcher den Direktor entlasten sollte und daher auch zeitweise als Vizedirektor bezeichnet wurde, war Sache des Direktors. Der Geistliche Rat war hierbei Konsultativorgan und sandte die entsprechenden Unterlagen an den Hochmeister, welcher dann die Ernennung aussprach. Im übrigen war es auch den Seminaralumnen möglich, sich auf diesen Posten beim Geistlichen Rat oder dem Hochmeister selbst zu bewerben. Zu seinen Aufgaben gehörte es die praktische Anleitung zum Empfang der höheren Weihen und der Spendung der Sakramente zu halten. Auch hatte er für die Pflege des Choralgesanges Sorge zu tragen und an den praktischen Übungen darin persönlich teilzunehmen. Seit 1775 hatte er zusätzlich eine feste Dozentenstelle. Gleichzeitig war er auch Hofkaplan, wobei er den Hofpfarrer in seiner Tätigkeit unterstützte und vertrat. Zwanzig Jahre später, also 1795, wurde der Präfekt auch noch zum Geistlichen Ratssekretär bestimmt, womit er auch an den Sitzungen des Geistlichen Rates teilnahm. Sein Gehalt pendelte hin und her und war nie sonderlich hoch. Erst 1775 hören wir von einer Gehaltserhöhung von 75 Florin auf 125 Florin erhöht. Im Jahre 1800 erhielt er dann ein Gehalt von 150 Florin, wobei er jedoch in der Verpflegung den übrigen Seminaristen gleichgesetzt wurde[274].

8.2.5 Präses des Deutschen Kollegs

In einer Linie mit dem Direktor des Seminares zu Mergentheim, wenn auch nicht so bedeutend, kann man den Präses des Deutschen Kollegs in Löwen sehen. Das 12 Studienplätze umfassende Kolleg wurde 1617 durch den Landkomtur der Ballei Aldenbisen, Heinrich von Reuschenberg, begründet und sollte Kleriker für die genannte Ballei heranziehen[275]. Der Präses, auch Präsident genannt, überwachte das Leben der Studenten, begleitete sie zu ihren ersten Predigten und besprach diese anschließend mit ihnen[276]. Weiterhin ist anzunehmen, dass sich auch die Führung der Hauswirtschaft in den Händen des Präses befand.

---

[274] Bernhard Demel, Das Priesterseminar des Deutschen Orden zu Mergentheim, Bad Godesberg 1972, S. 203-208

[275] Bernhard Demel, Plan des Deutschen Kollegs zu Leuven, in: Ritter und Priester. Acht Jahrhunderte Deutscher Orden in Nordwesteuropa. (Ausstellung der Landkommanderij Alden Biesen), Alden Biesen 1992, S. 132-133

[276] Jozef Mertens, De onderwijspolitiek van de Landcommandeurs Reuschenberg (+ 1603) en Amstenrade (+ 1634) in de Balije Biesen, Provincie van de Duitse Orde., Brussel 2002, S. 44

8.2.6 Sakristan von Neuenbiesen

So unbedeutend der Posten eines Sakristans oder Kirchendieners von Neuenbiesen auch klingen mag, sein Amt beinhaltete nichts anderes als das eines Konventsoberen des Maastrichter Priesterkonventes. Noch bis ins 16. Jahrhundert hinein mit Sitz und Stimme auf dem Balleikapitel von Aldenbiesen vertreten, blieb er doch auch nach dem Verlust derselben der zweitwichtigste Priesterbruder der genannten Ballei. Wie die übrigen Ordensämter, so war auch der Sakristan von Neuenbiesen nicht auf Lebenszeit bestellt, sondern konnte jederzeit wieder abberufen werden[277]. Für die Ballei Alden Biesen war er der Novizenmeister, doch beaufsichtigte er auch die Scholaren, welche in der Kommende lebten[278], und die Schule der Jesuiten besuchten[279].

8.3 Karrieremöglichkeiten außerhalb des Ordens

Eine Besonderheit des deutschen Ordens finden wir in der Inkorporation ganzer Bistümer im Gebiete von Preußen und Livland. Von besonderem Interesse sind hierbei die Bistümer Kurland, Kulm, Pomesanien und Samland. Ihre Domkapitel waren ebenfalls dem Orden inkorporiert, so das stets sichergestellt war, dass ihr Inhaber ein Mitglied des Ordens war. Durch die Möglichkeit der Erlangung dieser Kanonikate und Prälaturen, welches sich freilich auf das Mittelalter beschränkte, muss man die inkorporierten Bischofsstühle und Domkapitel unmittelbar hinter die Karrieremöglichkeiten innerhalb des Ordens setzen. Gehören sie doch im weiteren Sinne auch noch dazu.

8.3.1 Der Bischof

Die von uns an dieser Stelle behandelten Bischöfe gehörten bereits vor ihrer Erhebung in den Bischofsstand dem Orden als Priesterbrüder an, oder sind kurz nach ihrer Bischofserhebung in den Orden eingetreten[280]. Wir finden sie bis ins 16. Jahrhundert hinein und dies vorwiegend in den inkorporierten Bistümern des Ordens. Sie sind nicht zu verwechseln mit den sich später findenden Bischöfen aus den Reihen der

---

[277] M. van der Eycken, Ernennung des Mathias Wurtz zum Leiter des Priesterkonventes in Maastricht, in: Ritter und Priester. Acht Jahrhunderte Deutscher Orden in Nordwesteuropa. (Ausstellung der Landkommanderij Alden Biesen), Alden Biesen 1992, S. 200

[278] Michiel Van Der Eycken, Het dagelijks Leven, in: Nieuwen Biesen in Alden Biesen. 5 eeuwen Duitse Orde in Maastricht., Maastricht 1989, S. 71

[279] M. van der Eycken, Der Provinzobere der Jesuiten in Belgien bestätigt die Schenkung eines Hauses in Maastricht durch den Deutschen Orden, in: Ritter und Priester. Acht Jahrhunderte Deutscher Orden in Nordwesteuropa. (Ausstellung der Landkommanderij Alden Biesen), Alden Biesen 1992, 132

[280] vgl. Dietrich Tolke und Arnold Stoltevoet in: Erwin Gatz (Hg.), Die Bischöfe des Heiligen Römischen Reiches. 1198 bis 1448., Berlin 2001, S.641-642

Ritterbrüder. Leider ist uns nicht viel über sie bekannt, doch reihen sie sich, soweit ersichtlich, in das damalige Bischofsbild ein. Zumeist liegt ihr Werdegang im Dunkeln und nur vereinzelt kommen Stationen ihres Lebens zum Vorschein. So finden wir sie als Studenten in Prag, Bologna und andernorts, wobei sie ihre Studien mit akademischen Titeln abschlossen. Im Orden selbst übernahmen sie dann Funktionen als Kaplan oder Kanzler des Hochmeisters, sie waren Vertreter an der Kurie oder aber, und dies finden wir seltener, Pfarrer. Zum Zeitpunkt ihrer Wahl waren sie dann für gewöhnlich Mitglied des Domkapitels, welches sie zum Bischof erwählte. Als solche finden wir sie dann auch vereinzelt im Auftrag ihres Bischofs wieder. Ihre Wahl selbst wurde für gewöhnlich durch das Domkapitel vollzogen, wobei der Hinweis des Hochmeisters teilweise wohl den Ausschlag gab. Für ihre Bestätigung mussten sie dann den zuständigen Metropoliten bemühen, was nicht unbedingt zum Erfolg führte, besonders wenn dieser nicht dem eigenen Orden angehörte und Mitglieder desselben auf den preußischen Bischofsstühlen zu verhindern suchte. Auch die Bestätigung durch den Papst, wozu sie dann nach Rom oder Avignon reisten, konnte Schwierigkeiten bereiten. Hatte er sich die Besetzung des Bischofsstuhles bereits reserviert, so half oftmals nur noch der Verzicht auf alle durch die Wahl erworbenen Rechte, worauf sie die Provision durch den Papst aufgrund seiner eigenen Vollmacht erhielten[281]. Auch die Zahlung der päpstlichen Provisionsgelder[282] blieb ihnen nicht erspart, wobei der eine oder andere auch noch die nicht gänzlich abbezahlten Gelder seines Vorgängers zu tragen hatte[283]. Da der Bischof über ein eigenes Territorium verfügte blieben Spannungen zum Deutschen Orden nicht unbedingt die Ausnahmen und so mancher der Bischöfe entwickelte sich zum Gegner des eigenen Ordens. Dies war jedoch nicht der Regelfall und die meisten blieben ihrem Orden auch weiterhin als treue Parteigänger erhalten, welche den Hochmeistern oftmals auch weiterhin als Ratgeber zur Seite standen. Auch ihre Teilnahme an den Kapiteln des Ordens ist überliefert. Innerhalb ihres Territoriums waren sie, besonders in den frühen Jahren, besonders an einer stärkeren Besiedelung

[281] vgl. Erwin Gatz (Hg.), Die Bischöfe des Heiligen Römischen Reiches. 1198 bis 1448., Berlin 2001, S. 685

[282] Die Servitientaxen der preußischen Bistümer lagen wie folg: Kulm 700 fl., Samland 800 fl., Pomesanien 1.100 fl., Kurland 100 fl. (später nur noch 50 fl.). Einen Taxenwert besaßen auch die Domkapitel: Kulm 80 fl., Samland ca. 186 fl., Pomesanien 110 fl. Vgl.: Jan-Erik Beuttel, Der Generalprokurator des Deutschen Ordens an der römischen Kurie., Marburg 1999, S. 264

[283] vgl. Erwin Gatz (Hg.), Die Bischöfe des Heiligen Römischen Reiches. 1198 bis 1448., Berlin 2001, S. 686

ihres Landes interessiert und trieben entsprechend die Kolonisation voran[284], wozu auch die Gründung von Dörfern gehörte[285]. Geistlich wirkten sie durch Visitationen, wofür sie sich auch gerne der Mitglieder ihres Domkapitels bedienten[286]. Nicht zu vergessen ist hierbei auch, dass sie gerade in den ersten Jahren mit der Schaffung einer Diözesanstruktur beschäftigt waren, handelte es sich doch oftmals um neu zu missionierende Gebiete. Doch zog sich die Strukturgebung der Diözesen und deren verschiedentliche Neuregelungen, noch bis ins 15. Jahrhundert hinein[287]. Später finden wir sie dann auch bei der Benediktion von Kirchen, Altären und Friedhöfen[288], oder auch einfach nur bei Prozessionen[289]. Da sie über keine Weihbischöfe verfügten und sich die Bischöfe der Nachbardiözesen teils nicht in ihrem Sprengel befanden, erteilten sie persönlich auch die niederen und höheren Weihen, und spendeten auch das Sakrament der Firmung. Ein besonderes Interesse hatte man an der Kanonisation der Seligen Dorothea von Montau, deren Seligsprechung die preußischen Bischöfe gemeinsam vorantrieben[290]. Auch wenn die immer wieder gehaltenen Diözesansynoden Statuten zum Thema Gottesdienst, geistliches und sittliches Leben des Klerus, Katechese, Sakramentenspendung, Führung der Kirchenbücher[291], Seelsorge und Pfarrorganisation erließen[292], so bedürfte es doch einer Aufforderung des Konzils von Konstanz, um den Pfarrkindern die Ablegung der Beichte in ihrer eigenen Sprache, also ohne Dolmetscher, zu ermöglichen[293].

Doch beschränkten sich die Bischöfe nicht nur auf die oben genannten Synoden. Immer wieder gab es Verordnungen zu bestimmten Dingen, wie z. B. den Messbesuch an

[284] vgl. Erwin Gatz (Hg.), Die Bischöfe des Heiligen Römischen Reiches. 1198 bis 1448., Berlin 2001, S. 682

[285] vgl. Erwin Gatz (Hg.), Die Bischöfe des Heiligen Römischen Reiches. 1198 bis 1448., Berlin 2001, S. 686

[286] vgl. Erwin Gatz (Hg.), Die Bischöfe des Heiligen Römischen Reiches. 1198 bis 1448., Berlin 2001, S. 682 und 686

[287] Erwin Gatz (Hg.), Die Bischöfe des Heiligen Römischen Reiches. 1198 bis 1448., Berlin 2001, S. 689

[288] vgl. Erwin Gatz (Hg.), Die Bischöfe des Heiligen Römischen Reiches. 1198 bis 1448., Berlin 2001, S. 684

[289] vgl. Erwin Gatz (Hg.), Die Bischöfe des Heiligen Römischen Reiches. 1448 bis 1648., Berlin 1996, S. 686

[290] vgl. Erwin Gatz (Hg.), Die Bischöfe des Heiligen Römischen Reiches. 1448 bis 1648., Berlin 1996, S. 686

[291] vgl. Erwin Gatz (Hg.), Die Bischöfe des Heiligen Römischen Reiches. 1198 bis 1448., Berlin 2001, S. 572

[292] Erwin Gatz (Hg.), Die Bischöfe des Heiligen Römischen Reiches. 1448 bis 1648., Berlin 1996, S. 430

[293] Erwin Gatz (Hg.), Die Bischöfe des Heiligen Römischen Reiches. 1448 bis 1648., Berlin 1996, S. 689

Sonn- und Feiertagen und den Empfang des Bußsakramentes[294] oder auch einen Firmerlass, welcher der Unwissenheit über die Zehn Gebote, die Glaubensartikel oder die Sakramente Einhalt gebieten wollten. Hierunter, also die Behebung von Glaubensunwissenheit, kann man sicherlich auch die Stiftung der Pfründe eines Dompredigers verbuchen[295]. Im 15. Jahrhundert wird den preußischen Bischöfen dann generell eine Tradition des Bemühens zugeschrieben, welche der neuen Volksfrömmigkeit Rechnung tragen wollte[296]. In ihrer Klosterpolitik zeigten die Bischöfe ein gewisses persönliches Interesse, was von persönlichen Bemühungen um die Ansiedlung von Zisterzienserinnen in Kulm, über den Ablass für den Bau einer Klosterkirche der Dominikaner[297] und die Verlegung eines Franziskanerklosters, bis zu persönlichen Reformbemühungen in einem Benediktinerkloster ging[298].

---

[294] vgl. Erwin Gatz (Hg.), Die Bischöfe des Heiligen Römischen Reiches. 1448 bis 1648., Berlin 1996, S. 114

[295] Erwin Gatz (Hg.), Die Bischöfe des Heiligen Römischen Reiches. 1448 bis 1648., Berlin 1996, S. 645-646

[296] Erwin Gatz (Hg.), Die Bischöfe des Heiligen Römischen Reiches. 1448 bis 1648., Berlin 1996, S. 430

[297] vgl. Erwin Gatz (Hg.), Die Bischöfe des Heiligen Römischen Reiches. 1198 bis 1448., Berlin 2001, S. 302

[298] vgl. Erwin Gatz (Hg.), Die Bischöfe des Heiligen Römischen Reiches. 1448 bis 1648., Berlin 1996, S. 89

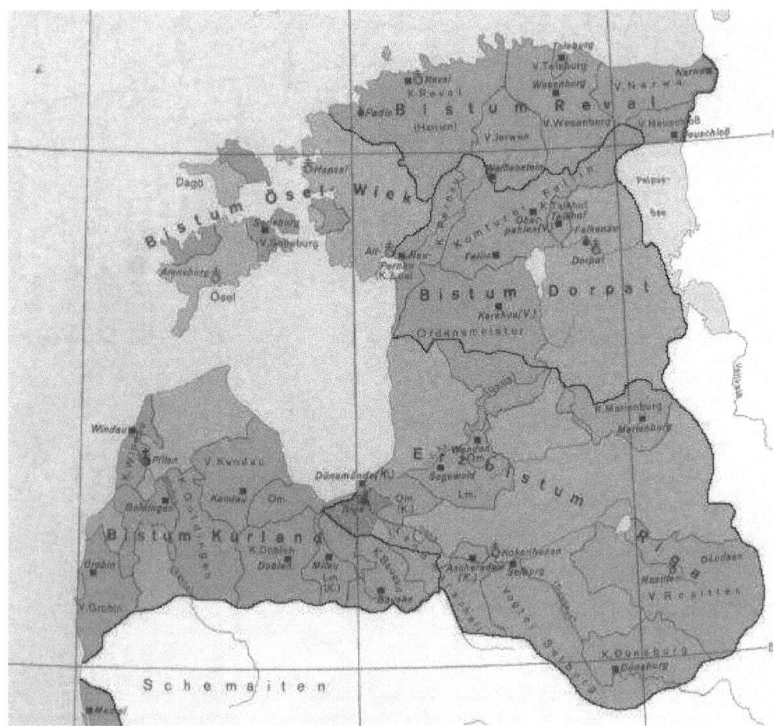

Die Bistümer innerhalb des Meistertums Livland[299]

Über den persönlichen Lebenswandel der Bischöfe jedoch wissen wir so gut wie nichts und das Urteil Schmauchs über Dietrich de Cuba OT, welcher ein verschlagener, ränkesüchtiger Diplomat gewesen sein soll, ehrgeizig und stolz, prunkliebend, verschwenderisch und leichtlebig, kann sicherlich nicht verallgemeinert werden[300]. Doch musste sich auch Johannes Rehwinkel OT an der Kurie gegen den Vorwurf eines unregelmäßigen Lebenswandels verteidigen[301]. Es gibt aber auch andere Zeugnisse. So Kaspar Linke OT von Pomesanien, dessen Sprengel durch andauernde Kriege verwüstet war. Er harrte in seinem Bistum aus, auch wenn er persönlich größte Not litt und nur von einer kleinen Beihilfe des Bischofs von Samland lebte[302], was im Übrigen auch eine

[299] Hubert Jedin (Hg.), Atlas zur Kirchengeschichte. Die christlichen Kirchen in Geschichte und Gegenwart., Freiburg 1988, S. 62
[300] Erwin Gatz (Hg.), Die Bischöfe des Heiligen Römischen Reiches. 1448 bis 1648., Berlin 1996, S. 115
[301] Erwin Gatz (Hg.), Die Bischöfe des Heiligen Römischen Reiches. 1448 bis 1648., Berlin 1996, S. 575
[302] Erwin Gatz (Hg.), Die Bischöfe des Heiligen Römischen Reiches. 1448 bis 1648., Berlin 1996, S. 430

Solidarität des Episkopates untereinander aufzeigt. Zu den geringen Aussagen, welche wir sonst noch machen können, gehören bei den Bischöfen die wissenschaftlichen Interessen in Recht und Theologie, welche sich an den Hinterlassenschaften von Büchern genauso ablesen lassen, wie eine besondere Frömmigkeit, welche sich vor allem auf das heilige Messopfer erstreckte, was wir an zahlreichen Stiftungen von Messen und Vikarsstellen ersehen können.

8.3.2 Der Bischof als Weihbischof

Genaugenommen ist es eigentlich nicht richtig hier von Weihbischöfen zu sprechen, handelt es sich bei den vier hierunter zählenden Bischöfen durchweg um regierende Diözesanbischöfe im Deutschordensstaat, welche sich entweder aufgrund mangelnder Einkünfte des Bistums[303] oder aber der fehlenden Sicherheit, zumal der Orden ja noch in den Kämpfen mit der einheimischen Bevölkerung lag, nicht dort aufhielten und sich statt dessen ins Reich begaben[304]. Hierbei knabberten die Herren jedoch keinesfalls am Hungertuch, sondern konnten durch aus ein beträchtliches Privatvermögen besitzen[305] oder wie Edmund von Wörth OT ein Haus inkl. Einkünften zum Lebensunterhalt überschrieben bekommen[306]. Auch reisten sie nicht alleine durch die Diözese, deren Bischof sie in Dienst genommen hatte. Eine uns überlieferte Reisebegleitung, bestehend aus einem Kaplan und vier Dienern, dürfte wohl keine Seltenheit gewesen sein. Hören wir doch auch, das die kurzfristige Beherbergung des Weihbischofs und seines Gefolges, die Stadt Wesel 1420 immerhin 21 Mark und 4 Schilling kostete. Dazu kam auch noch seine Entlohnung für die Friedhofsweihe, welche die Stadt immerhin 39 Mark und 7 Schilling kostete. In Köln verlangte er 1374 für die Rekonziliation eines Friedhofs gleich 74 Mark und fünf Jahre später für die Rekonziliation einer Pfarrkirche 20 Gulden. Das Gefolge musste im Übrigen ebenfalls noch von der Stadt für seine Dienste bezahlt werden[307]. Wenn man also bedenkt, dass man im 14. Jahrhundert bei Altarstiftungen ein Altaristeneinkommen von 25 bis 30 Mark für angemessen erachtete und im Stift Xanten, wo die Kanoniker durchschnittliche Pfründe besaßen, ein

[303] Udo Arnold, Grabstein eines Ordenspriesters, in: Ritter und Priester. Acht Jahrhunderte Deutscher Orden in Nordwesteuropa. (Ausstellung der Landkommanderij Alden Biesen), Alden Biesen 1992, S. 55

[304] vgl. Erwin Gatz (Hg.), Die Bischöfe des Heiligen Römischen Reiches. 1198 bis 1448., Berlin 2001, Ss. 681, 302

[305] Erwin Gatz (Hg.), Die Bischöfe des Heiligen Römischen Reiches. 1198 bis 1448., Berlin 2001, S. 682

[306] Udo Arnold, Grabstein eines Ordenspriesters, in: Ritter und Priester. Acht Jahrhunderte Deutscher Orden in Nordwesteuropa. (Ausstellung der Landkommanderij Alden Biesen), Alden Biesen 1992, S. 56

[307] Eduard Hegel (Hg.), Geschichte des Erzbistums Köln. 2. Band: Das Erzbistum Köln im späten Mittelalter (1197-1515), Köln 1995, S. 360-361

Kanoniker *non ferculatus praesens* 35 Malter Hartgetreide, 6 Mark, 5 Schilling und 7 Pfennige erhielt[308], wundert es einen nicht, dass selbst die Kurie sich für die Hinterlassenschaft eines Weihbischofs interessierte[309].

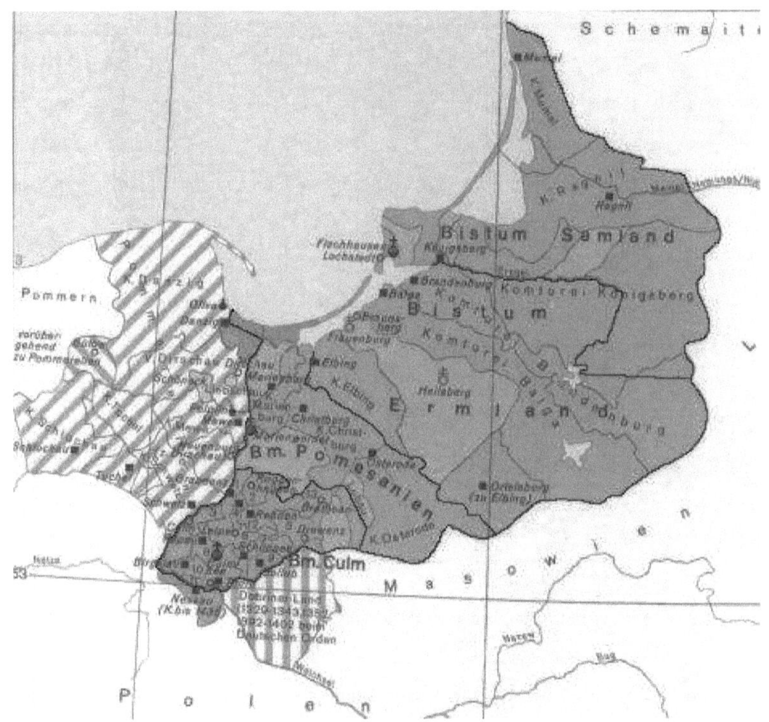

Die Bistümer innerhalb des Meistertums Preußen[310]

8.3.3 Die Domkapitel

Wie alle Konvente, so waren auch die Domkapitel des Ordens auf die Regel des Deutschen Ordens verpflichtet und bildeten gewissermaßen reine Priesterkonvente. Das sie jedoch eine Sonderrolle zwischen den Konventen spielten erkennen wir bereits daran, dass an ihrer Spitze kein Komtur stand, sondern die in den Kapiteln allgemein

---

[308] Eduard Hegel (Hg.), Geschichte des Erzbistums Köln. 2. Band: Das Erzbistum Köln im späten Mittelalter (1197-1515), Köln 1995, S. 439

[309] Eduard Hegel (Hg.), Geschichte des Erzbistums Köln. 2. Band: Das Erzbistum Köln im späten Mittelalter (1197-1515), Köln 1995, S. 361

[310] Hubert Jedin (Hg.), Atlas zur Kirchengeschichte. Die christlichen Kirchen in Geschichte und Gegenwart., Freiburg 1988, S. 62

üblichen Dignitäten, derer wir hier drei finden, nämlich den Propst, den Dechanten und den Kustos. Während Udo Arnold die in Preußen ansässigen Domkapitel mit einer Normalstärke von 12 Mitgliedern angibt[311], einer Zahl die gerne für Kapitel genommen wurde und sich an der Zahl der Apostel orientierte, scheint sich doch die tatsächliche Zahl der Domherren an der Finanzkraft des jeweiligen Kapitels orientiert zu haben. So gab es in Kulm zehn[312], in Pomesanien sieben[313] und in Samland[314] und Kurland lediglich sechs Domherren[315]. Je nach Finanzverlauf konnte sich dann die Zahl bewegen, so das sie in Kulm im 15. Jahrhundert 15[316], in Pomesanien zwischenzeitlich auf 13[317] stiegen, aber auch wie in Pomesanien, im Jahre 1463, auf vier sinken konnten[318].

Da diese Domkapitel dem Orden inkorporiert waren, nahmen sie lediglich Priester des Ordens auf oder solche, welche spätestens bei ihrem Eintritt in das Kapitel die Profess ablegten[319]. Waren sie bereits vor ihrem Eintritt ins Kapitel Ordensmitglieder, so finden wir sie bis dahin oftmals in der Umgebung des Hochmeisters als dessen Kaplan oder Kanzler. Einen solchen Werdegang können wir gut an dem späteren Bischof Arnold Stapil OT ablesen, der 1360/70 in Preußen geboren wurde und Priester der Diözese Pomesanien war. Er studierte von 1385 bis 1388 in Prag, wo er auch mit einem Mag. Art. abschloss. Als er von 1392 bis 1396 in Bologna die Rechte studierte, war er bereits in den Orden eingetreten und zwischenzeitig auch als dessen Vertreter an der Kurie tätig gewesen (1394). Nach seiner Rückkehr finden wir ihn 1395/96 als Pfarrer von Danzig und von 1397 bis 1402 als Kaplan und Kanzler des Hochmeisters Ulrich von Jungingen tätig. Im letztgenannten Jahr, 1402, wurde er dann Mitglied des Domkapitels von

---

[311] Udo Arnold, Grabstein eines Ordenspriesters, in: Ritter und Priester. Acht Jahrhunderte Deutscher Orden in Nordwesteuropa. (Ausstellung der Landkommanderij Alden Biesen), Alden Biesen 1992, S. 56

[312] Anastazy Nadolny, Bistum Kulm, in: Erwin Gatz (Hg.), Die Bistümer des Heiligen Römischen Reiches. Von ihren Anfängen bis zur Säkularisation., Freiburg i. Br. 2003, S. 318

[313] Mario Glauert, Bistum Pomesanien, in: Erwin Gatz (Hg.), Die Bistümer des Heiligen Römischen Reiches. Von ihren Anfängen bis zur Säkularisation., Freiburg i. Br. 2003, S. 566

[314] Erwin Gatz (Hg.), Die Bischöfe des Heiligen Römischen Reiches. 1198 bis 1448., Berlin 2001, S. 681

[315] Bernhart Jähnig, Bistum Kurland, in: Erwin Gatz (Hg.), Die Bistümer des Heiligen Römischen Reiches. Von ihren Anfängen bis zur Säkularisation., Freiburg i. Br. 2003, S. 326

[316] Anastazy Nadolny, Bistum Kulm, in: Erwin Gatz (Hg.), Die Bistümer des Heiligen Römischen Reiches. Von ihren Anfängen bis zur Säkularisation., Freiburg i. Br. 2003, S. 318

[317] Mario Glauert, Bistum Pomesanien, in: Erwin Gatz (Hg.), Die Bistümer des Heiligen Römischen Reiches. Von ihren Anfängen bis zur Säkularisation., Freiburg i. Br. 2003, S. 566

[318] Mario Glauert, Bistum Pomesanien, in: Erwin Gatz (Hg.), Die Bistümer des Heiligen Römischen Reiches. Von ihren Anfängen bis zur Säkularisation., Freiburg i. Br. 2003, S. 569

[319] Ewald Volgger, Die Priester im Deutschen Orden, in: Heinz Noflatscher, Der Deutsche Orden in Tirol, Bozen 1991, S. 51

Kulm[320]. Sicherlich hatten er und auch andere ihren Eintritt in das Kapitel dem Einfluss des Hochmeisters zu verdanken, welcher in ihnen einen Parteigänger vermuten dürfte. Waren sie bis dahin noch keine Priesterbrüder des Ordens, so bestanden zumindest enge Kontakte zum Kapitel, wie dies bei Martin von Lynow OT der Fall war. Denn er war bis zu seinem Kapitels-, und damit Ordenseintritt, öffentlicher Notar des Domkapitels von Kulm, welches ihn in seine Reihen aufnahm[321]. Waren die Kanoniker nicht im kapitularischen Dienst tätig, so griff auch gerne der Bischof auf sie zurück, sei es als Visitatoren in der Diözese[322] oder als Hauskomtur auf der Bischofsburg[323]. Und auch der Orden bediente sich gerne weiterhin der kapitularischen Priesterbrüder, wie das Beispiel des Hochmeister-Kaplans Martin[324] oder des Dompropstes von Kurland, welcher den livländischen Ordensmeister 1298 auf seinem Feldzug gegen die Litauer begleitete, zeigen[325]. Alle diese Tätigkeiten entzogen die Kanoniker dem Kapitel, nicht jedoch nur im Verwaltungsdienst seiner eigenen Habseligkeiten, sondern auch im Chorgebet. Weniger ins Gewicht fielen dagegen wohl die eher privaten Angelegenheiten der Herrn Kanoniker, wie z. B. das Siegeln eines Kaufvertrages durch Dietrich Tanke OT für einen nahen Verwandten (1432) oder das Einsetzen desselben bei der Stadt Reval für den Gläubiger in der Schuldsache eines flüchtigen Schmiedes (1434)[326]. Letzteres zeigt uns übrigens auf, das es wohl durchaus Kontakte zwischen den Kanonikern und der einfachen Stadtbevölkerung gegeben hat. Doch abgesehen von den erwähnten Verwaltungstätigkeiten, gab es auch unbestritten eine Kulturschöpferische, was wir in den Glossenliedern über das Ave Maria und einer Antiphon über das Salve Regina bei Martin von Lychow OT erblicken können[327].

8.3.1 Sonstiges

Waren die oben betrachteten Stellungen als Bischof oder Domherr noch durch die Inkorporation der jeweiligen Kapitel oder Diözesen noch irgendwie mit dem Orden verbunden, so gab es auch Stellungen gänzlich außerhalb der Reichweite des Ordens.

[320] Erwin Gatz (Hg.), Die Bischöfe des Heiligen Römischen Reiches. 1198 bis 1448., Berlin 2001, S. 309
[321] vgl. Erwin Gatz (Hg.), Die Bischöfe des Heiligen Römischen Reiches. 1198 bis 1448., Berlin 2001, S. 306-307
[322] vgl. Erwin Gatz (Hg.), Die Bischöfe des Heiligen Römischen Reiches. 1198 bis 1448., Berlin 2001, S. 682 und 686
[323] Erwin Gatz (Hg.), Die Bischöfe des Heiligen Römischen Reiches. 1198 bis 1448., Berlin 2001, S. 686
[324] Jan-Erik Beuttel, Der Generalprokurator des Deutschen Ordens an der römischen Kurie., Marburg 1999, S. 584
[325] Erwin Gatz (Hg.), Die Bischöfe des Heiligen Römischen Reiches. 1198 bis 1448., Berlin 2001, S. 314
[326] Erwin Gatz (Hg.), Die Bischöfe des Heiligen Römischen Reiches. 1198 bis 1448., Berlin 2001, S. 320
[327] Erwin Gatz (Hg.), Die Bischöfe des Heiligen Römischen Reiches. 1198 bis 1448., Berlin 2001, S. 307

Hierdurch bekamen sie eine gewisse Selbständigkeit, gegen die auch die Ordensleitung nicht direkt angehen konnte, was wir am Beispiel des Ruprecht von Deutz OT erkennen, welcher zugleich im Dienst des Erzbischofs von Köln stand. Um seinem Treiben beizukommen, musste der Hochmeister den Erzbischof bitten, ihn aus seinem Dienst zu entlassen und ihn seinem Komtur in Koblenz zu übergeben, damit dieser ihn seiner gerechten Strafe zuführen könne[328]. Mit dem Priesterbruder Johann Nekel OT, welcher nicht nur Kaplan des Erzbischofs von Köln, sondern auch sein Almosenier war, finden wir dann in der ersten Hälfte des 15. Jahrhunderts einen zweiten Priesterbruder in fremden Diensten[329].

Mit Johan Jacob Friessen OT, welcher Großpastor an St. Andreas in Lüttich war, finden wir einen Priesterbruder als Kanoniker an einem Säkularkanonikerstift. Seit 1684 Kanoniker an St. Johann Evangelist in Lüttich[330], brachte ihm dies nicht nur ein weiteres Einkommen, sondern auch zusätzliche Verpflichtungen.

Des weiteren hatte der Priesterbruder offensichtlich die Möglichkeit, spätestens seit dem ausgehenden 17. Jahrhundert, auch reine Ehrentitel anzunehmen. So z. B. den eines Apostolischen Protonotars, welchen der Pfarrer von Lana, Dr. Johann Jakob Glier OT, um 1700[331] und der bereits erwähnte Großpastor Johan Jacob Friessen OT von Lüttich noch davor erhalten hatten[332]. Ab wann es diese Möglichkeit gab, ist uns jedoch nicht bekannt.

Wenn auch selten, so war anscheinend auch für den Priesterbruder im Deutschen Orden eine „Pfründehäufung" oder Dopplung der Tätigkeit möglich. So war Johan Jacob Friessen OT nicht nur seit 1677 Großpastor an St. Andreas und St. Gangolph in Lüttich, sondern seit 1684 auch zugleich Kanoniker der Stiftskirche St. Johann Evangelist,

---

[328] Hans Limburg, Die Hochmeister des Deutschen Ordens und die Ballei Koblenz, Bad Godesberg 1969, S. 54

[329] Hans Limburg, Die Hochmeister des Deutschen Ordens und die Ballei Koblenz, Bad Godesberg 1969, S. 117

[330] Michiel Van Der Eycken, Grootpastors van Sint-Andreas en Sint-Gangulphus, in: Saint-Andre. De Duitse Orde in Luik (1254-1794), Opglabbeek 1991, S. 98

[331] Franz-Heinz von Hye, Auf den Spuren des Deutschen Orden in Tirol. Eine Bilddokumentation., Bozen 1991, S. 302

[332] C. G. de Dijn, „Wandkalender" der Ballei Biesen, in: Ritter und Priester. Acht Jahrhunderte Deutscher Orden in Nordwesteuropa. (Ausstellung der Landkommanderij Alden Biesen), Alden Biesen 1992, S. 180

welche ebenfalls in Lüttich gelegen war[333]. Die brachte ihm, neben einer zweiten Einnahmequelle, auch vermehrte Lasten. Musste er sich doch nun zusätzlich am Chorgebet der Stiftskanoniker und den Geschäften des Kapitels beteiligen. Ähnlich erging es auch Johann Peter Glesius OT, der nicht nur seit seinem Ordenseintritt (1720) Receptor und Verwalter der Landkommende in Trier war, sondern seit 1722 auch zugleich Pfarrer in Rachtig. Um ihm diese Doppeltätigkeit zu ermöglichen erhielt er für Rachtig in Bernhard Braun OT einen Kaplan, doch ob er für seine doppelte Tätigkeit innerhalb des Ordens auch eine zweite Pfründe erhielt ist ungewiss[334].

[333] L. de Ren, Messkännchen und Schale, in: Ritter und Priester. Acht Jahrhunderte Deutscher Orden in Nordwesteuropa. (Ausstellung der Landkommanderij Alden Biesen), Alden Biesen 1992, S. 216

[334] W. Jacobs, Deutschordenspriester Johann Peter Glesius, in: Ritter und Priester. Acht Jahrhunderte Deutscher Orden in Nordwesteuropa. (Ausstellung der Landkommanderij Alden Biesen), Alden Biesen 1992, S. 201

9 Zusammenfassung

Die in dieser Arbeit betrachtete Geschichte der Deutschordenspriester hat uns ein reichhaltiges und wechselvolles Bild bereitet. Über 600 Jahre hindurch hat er am Geschehen seiner Zeit teilgenommen und dieses hier und da auch sicherlich mitgeprägt.

Von seinem eigentlichen Wesen her ist der Priesterbruder des Deutschen Ordens Seelsorger. In einem „Laienorden“ auf Platz zwei stehend, war er primär nicht zum Leiten, sondern zum Dienen berufen. Man bedurfte seiner in erster Linie zu Chorgebet, Seelsorge und Spendung der Sakramente an die auf dem ersten Platz stehenden Ritterbrüder. War es die Aufgabe der Ritter zu kämpfen, so war es die Aufgabe der Priester die Sakramente zu spenden und die geistliche Betreuung sicherzustellen. Mit der Inkorporation von Pfarreien weitete sich das Wirkungsfeld jedoch über die Mauern der Kommenden hinaus aus, so dass es nun Aufgabenstellungen innerhalb und außerhalb der eigentlichen Gemeinschaft gab. Dies führte zwangsläufig zu einer Differenzierung, nicht nur des Arbeitskreises, sondern auch des Lebens. So können wir geradezu von zwei Priestertypen innerhalb des einen Ordens sprechen, nämlich dem Konventspriester und dem Seelsorgs- oder Pfarrpriester.

Das Leben des Konventspriesters spielte sich vornehmlich innerhalb der Kommende ab. Er ist, so können wir sagen, der monastische-kanonikale Typus. Er lebte in Gemeinschaft. Im Kreise seiner Mitbrüder betete, bzw. sang er das Chorgebet und nahm er seine Mahlzeiten ein. Er lebte in ständiger Ankopplung an eine konkrete Gemeinschaft und arbeitete auch in ihr, denn auch Verwaltung oder Schule bildeten keine wirkliche Trennung.

Der zweite Typus, welchen wir als Seelsorgspriester bezeichnen wollen, lebte von seiner Gemeinschaft in räumlicher Trennung. Er besaß zwar die Rückkopplung an eine Kommende, nicht aber die direkte Ankopplung. Gleich einem Weltpriester lebte er für sich und widmete sich der Seelsorge, zu welcher auch noch die weitgehend selbständige Verwaltung der dem Orden übergebenen Pfarrgüter hinzukam. Im Gegensatz zum Konventspriester war er ein Einzelkämpfer und besaß seine eigene Haushaltsführung, war also quasi sein eigener Ein-Mann-Konvent. Somit hatte er nicht nur größere Freiheiten und entging einer gewissen Sozialkontrolle, sondern besaß auch eine größere Selbstverantwortung. Ein festes Korsett, welches ja auch Rückhalt bietet, war ihm nicht geboten, so dass er in einem wesentlich größeren Umfang der Gefahr einer „Verwahrlosung“ preisgegeben war, als es einem Konventspriester zugemutet wurde.

Als mit der Reformation die Zahl der Priesterbrüder massiv gesunken war, kam es zu Veränderungen. War die Zahl der Seelsorgspriester ursprünglich in der Minderheit, so gerieten dies nun die Konventspriester. Hinzu trat auch noch die Tatsache, dass die Konvente immer weiter zusammenschrumpften. Damit sank aber auch die Zahl der Priester in den einzelnen Konventen, womit sich auch Gewichtungen unübersehbar verschoben. Die Bedeutung der Priester innerhalb des Ordens und der Konvente nahm weitgehend ab, wie auch das Konventsleben an sich, bis es endlich ganz zum Erliegen kam. Der Konventspriester wurde innerhalb des Konventes immer mehr zum Einzelkämpfer, was wir am Beispiel des Chorgebetes betrachten können. Befanden sich ursprünglich in den meisten Kommenden mehrere Priesterbrüder, so war es nun oftmals nur noch einer. Hierzu kam die sinkende Zahl der Ordensritter, welche sich von den Ordenspriestern in ihrem Selbstverständnis zunehmend entfernten, so das man fast von zwei, oder wenig mehr, Individuen unter einem Dach reden kann. Denn vor dem faktischen Erliegen der Gemeinschaft, kam die geistige Trennung.

Was wir im Verlauf des 16. Jahrhunderts also beobachten können, sehen wir einmal von Jungen-Biesen ab, ist das Aussterben des Konventspriesters. Auch wenn es noch den einen oder anderen Priester in den Kommenden gab, so hatte sich dieselbe doch bereits in ein Versorgungsobjekt der Ritterbrüder verwandelt, welche für gewöhnlich bei fremden Herrn in Dienst standen und darum zumeist abwesend waren. Es gab also faktisch keinen Bedarf mehr für Seelsorge an den Ordensmitgliedern, so dass sich der dort noch lebende Priesterbruder in einen Kommendenkaplan verwandelte, womit er in den Typus des Seelsorgspriester übergegangen war. Seine Zielgruppe bildeten im Alltag nicht mehr vornehmlich die Ordensritter, sondern fast ausschließlich die Kommendenbewohner, also Dienstpersonal und Gäste.

Mit dem 17. Jahrhundert gehörte der Priesterbruder des Deutschen Orden zwar noch einer Gemeinschaft an, lebte aber in keiner mehr. Da er zu seinem Lebensunterhalt zudem ein Gehalt bezog, so hatte er sich zu einem Quasiweltpriester gewandelt. Das einzige was ihn von diesem noch unterschied, war eine noch praktizierte Versetzbarkeit. Die Tatsache, dass er seit frühester Zeit zumeist erst nach seiner Priesterweihe in den Orden eintrat, also seine wissenschaftliche und geistliche Formung außerhalb des

Ordens erhielt, verstärkte diesen Aspekt zusätzlich. Die Aussage eines Thomas Schen OT, dass die Ordensregel kaum bekannt sei[335], verwundert dann auch nicht mehr und zeigt die eher lockere Beziehung der Priesterbrüder zu ihrem Orden auf. Der Orden spielte im Alltagsleben des Ordenspriesters keine Rolle mehr. Er war eher Patronatsherr, der dem jeweiligen Priester eine Pfründe verschaffte.

Auf abgespeckter Basis hatte sich der Priesterbruder dem Ritterbruder angepasst. Ein Unterschied lag lediglich darin, dass der Ritter sich seine Stellung bei einem fremden Herrn suchen musste, während der Priester diese durch seinen Orden selbst bekam. Ein wirkliches Verhältnis zu seinen Mitbrüdern hatte er ebenso wenig wie der Ritter. Hatte er seine Ausbildung in einem ordenseigenen Seminar erhalten, so kannte er den einen oder anderen Mitbruder persönlich. Mehr jedoch normalerweise nicht. Er verstand sich für gewöhnlich als das, was die Leute in ihm sahen, den Herrn Pastor, Herrn Kaplan oder auch Herrn Verwalter. Wissenschaftler oder bedeutende Prediger gab es kaum. An denen hatte der Orden auch keinerlei Interesse. Was er brauchte waren Seelsorger für die ihm inkorporierten Seelsorgestellen oder bestenfalls noch versierte Verwalter für seine Kommenden. Eines jedoch hatte der Orden, nämlich seine Priester wesentlich schärfer im Blick denn die Bischöfe. Moralische Verfehlungen oder sonstige Unzulänglichkeiten blieben hier nicht verborgen, wie sich an den Kommentaren zu Stellenbesetzungen bis zum Endpunkt unserer Betrachtung zeigt.

---

335 W. Jacobs, Deutschordenspriester Johann Peter Glesius, in: Ritter und Priester. Acht Jahrhunderte Deutscher Orden in Nordwesteuropa. (Ausstellung der Landkommanderij Alden Biesen), Alden Biesen 1992, S. 136

Literatur

Antonicek, Theophil: Deutschordenspriester Bernhard Braun, in: 800 Jahre Deutscher Orden, München 1990

Arnold, Udo: Deutschordenspriester Bernhard Braun; in: 800 Jahre Deutscher Orden (Ausstellungskatalog), Gütersloh/München 1990

Arnold, Udo; Deutschordenspriester Johann Michael Enderlein, Seminarpräfekt (1748/49) und Pfarrer von Mergentheim (1753-1762); in: 800 Jahre Deutscher Orden (Ausstellungskatalog), Gütersloh/München 1990

Arnold, Udo: Übertragung des Hauses Luxemburg 1221, in: Ritter und Priester. Acht Jahrhunderte Deutscher Orden in Nordwesteuropa. (Ausstellung der Landkommanderij Alden Biesen), Alden Biesen 1992

Arnold, Udo: Grabstein eines Ordenspriesters, in: Ritter und Priester. Acht Jahrhunderte Deutscher Orden in Nordwesteuropa. (Ausstellung der Landkommanderij Alden Biesen), Alden Biesen 1992

Arnold, Udo: Tilo von Kulm: Von sieben ingesigelen.; in: 800 Jahre Deutscher Orden (Ausstellungskatalog), Gütersloh/München 1990

Becker, Thomas Paul: Konfessionalisierung in Kurköln. Untersuchungen zur Durchsetzung der katholischen Reform in den Dekanaten Ahrgau und Bonn anhand von Visitationsprotokollen 1583-1761., Bonn 1989

Beuttel, Jan-Erik Beuttel: Der Generalprokurator des Deutschen Ordens an der römischen Kurie., Marburg 1999

Biskup, Marian (Hg.): Protokolle der Kapitel und Gespräche des Deutschen Ordens im Reich (1499-1525), Marburg 1991

Biskup, Marian: Visitationen im Deutschen Orden im Mittelalter 1236-1449, Marburg 2002

Boehm, Hans G.: Die Deutschordens-Ballei Thüringen, Bad Mergentheim 1992

Bönisch, Georg: Der Sonnenfürst. Karriere und Krise des Clemens August., Köln 1979

Coenen, J. C.: Die Kirche von Geldrop, in: Ritter und Priester. Acht Jahrhunderte Deutscher Orden in Nordwesteuropa. (Ausstellung der Landkommanderij Alden Biesen), Alden Biesen 1992

De Dijn, C. G.: Biesen te Maastricht representatief Ordehuis en priesterconvent., in: Nieuwen Biesen in Alden Biesen. 5 eeuwen Duitse Orde in Maastricht., Maastricht 1989

Demel, Bernhard: Das Priesterseminar des Deutschen Orden zu Mergentheim, Bad Godesberg 1972

Demel, Bernhard: Der Deutsche Orden in protestantischen Reichsstädten, in: Udo Arnold, Stadt und Orden, Marburg 1993

Demel, Bernhard: Plan des Deutschen Kollegs zu Leuven, in: Ritter und Priester. Acht Jahrhunderte Deutscher Orden in Nordwesteuropa. (Ausstellung der Landkommanderij Alden Biesen), Alden Biesen 1992

Dorn, Hans Jürgen: Die Deutschordensballei Westfalen (Quellen und Studien zur Geschichte des Deutschen Ordens, Bd. 26), Marburg 1978

De Dijn, C. G.: Erdgeschoßgrundriß des Pfarrhauses der St. Lambertuspfarrei in Vught, in: Ritter und Priester. Acht Jahrhunderte Deutscher Orden in Nordwesteuropa. (Ausstellung der Landkommanderij Alden Biesen), Alden Biesen 1992

De Dijn, C. G.: „Wandkalender" der Ballei Biesen, in: Ritter und Priester. Acht Jahrhunderte Deutscher Orden in Nordwesteuropa. (Ausstellung der Landkommanderij Alden Biesen), Alden Biesen 1992

Eubel, Conrad: Hierarchia catholica medii aevi. Vol. I., Münster 1913

Eubel, Conrad: Hierarchia catholica medii aevi. Vol. II., Münster 1914

Eycken, M. van der: Der Provinzobere der Jesuiten in Belgien bestätigt die Schenkung eines Hauses in Maastricht durch den Deutschen Orden, in: Ritter und Priester. Acht Jahrhunderte Deutscher Orden in Nordwesteuropa. (Ausstellung der Landkommanderij Alden Biesen), Alden Biesen 1992

Eycken, M. van der: Ernennung des Mathias Wurtz zum Leiter des Priesterkonventes in Maastricht, in: Ritter und Priester. Acht Jahrhunderte Deutscher Orden in Nordwesteuropa. (Ausstellung der Landkommanderij Alden Biesen), Alden Biesen 1992

Forstreuter, Kurt: Der Deutsche Orden am Mittelmeer, Bad Godesberg 1967

Gasser, Ulrich: Die Priesterkonvente des Deutschen Ordens. Peter Riegler und ihre Wiedererrichtung 1854-1897, Bad Godesberg 1973

Gatz, Erwin (Hg.): Die Bischöfe des Heiligen Römischen Reiches. 1198 bis 1448., Berlin 2001

Gatz, Erwin (Hg.): Die Bischöfe des Heiligen Römischen Reiches. 1448 bis 1648., Berlin 1996

Glauert, Mario: Bistum Pomesanien, in: Erwin Gatz (Hg.), Die Bistümer des Heiligen Römischen Reiches. Von ihren Anfängen bis zur Säkularisation., Freiburg i. Br. 2003

Gufler, Christoph: Die Pfarreien, in: Heinz Noflatscher (Hg.), Der Deutsche Orden in Tirol. Die Ballei Etsch und im Gebirge., Bozen 1991

Hartmann, H.: Der Deutsche Orden 1600-1809, in: Ritter und Priester. Acht Jahrhunderte Deutscher Orden in Nordwesteuropa. (Ausstellung der Landkommanderij Alden Biesen), Alden Biesen 1992

Hegel, Eduard (Hg.): Geschichte des Erzbistums Köln. 2. Band: Das Erzbistum Köln im späten Mittelalter (1197-1515), Köln 1995

Heim, Peter: Die Deutschordenskommende Beuggen und die Anfänge der Ballei Elsass-Burgund, Bad Godesberg 1977

Hemmerle, Josef: Die Deutschordens-Ballei Böhmen in ihren Rechnungsbüchern 1385-1411, Bad Godesberg 1967

Hopfenzitz, Josef: Kommende Oettingen Deutschen Ordens (1242-1805). Recht und Wirtschaft im territorialen Spannungsfeld., Bad Godesberg 1975

Hye, Franz-Heinz von: Auf den Spuren des Deutschen Orden in Tirol. Eine Bilddokumentation., Bozen 1991

Irgang, Winfried: Freudenthal als Herrschaft des Deutschen Ordens 1621-1725. Bad Godesberg 1971

Jacobs, W.: Deutschordenspriester Johann Peter Glesius, in: Ritter und Priester. Acht Jahrhunderte Deutscher Orden in Nordwesteuropa. (Ausstellung der Landkommanderij Alden Biesen), Alden Biesen 1992

Jacobs, W.: Kelchfuß mit Reliquiar-Aufsatz, in: Ritter und Priester. Acht Jahrhunderte Deutscher Orden in Nordwesteuropa. (Ausstellung der Landkommanderij Alden Biesen), Alden Biesen 1992

Jähnig, Bernhart: Die Rigische Sache zur Zeit des Erzbischof Johannes Ambundii (1418-1424), in: Udo Arnold, Von Akkon bis Wien. Studien zur Deutschordensgeschichte vom 13. bis zum 20. Jahrhundert., Marburg 1978

Jähnig, Bernhart: Bistum Kurland, in: Erwin Gatz (Hg.), Die Bistümer des Heiligen Römischen Reiches. Von ihren Anfängen bis zur Säkularisation., Freiburg i. Br. 2003

Jähnig, Bernhart: Erzbistum Riga, in: Erwin Gatz (Hg.), Die Bistümer des Heiligen Römischen Reiches. Von ihren Anfängen bis zur Säkularisation., Freiburg i. Br. 2003

Jedin, Hubert (Hg.): Atlas zur Kirchengeschichte. Die christlichen Kirchen in Geschichte und Gegenwart., Freiburg 1988

Kulick, Robert: Die kurkölnische Hofkammer von 1692 bis zur Flucht der kurkölnischen Behörden im Jahre 1794., Köln 1936

Kustatscher, Erika: Die Deutschordenspfarre Sarntheim, Marburg 1996

Laguesse, N.: Modell von St. André in Lüttich, in: Ritter und Priester. Acht Jahrhunderte Deutscher Orden in Nordwesteuropa. (Ausstellung der Landkommanderij Alden Biesen), Alden Biesen 1992

Laguesse-Plumier, Nicole: Comanderij of Paochie?, in: Saint-Andre. De Duitse Orde in Luik (1254-1794)., Opglabbeek 1991

Limburg, Hans: Die Hochmeister des Deutschen Ordens und die Ballei Koblenz, Bad Godesberg 1969

May, Georg: Die deutschen Bischöfe angesichts der Glaubensspaltung des 16. Jahrhunderts, Wien 1983

Mertens, Jozef: De onderwijspolitiek van de Landcommandeurs Reuschenberg (+ 1603) en Amstenrade (+ 1634) in de Balije Biesen, Provincie van de Duitse Orde., Brussel 2002

Militzer, Klaus: Die Entstehung der Deutschordensballeien im Deutschen Reich, Marburg 1970

Nadolny, Anastazy: Bistum Kulm, in: Erwin Gatz (Hg.), Die Bistümer des Heiligen Römischen Reiches. Von ihren Anfängen bis zur Säkularisation., Freiburg i. Br. 2003

Rainer, Johann: Die Apostolische Visitation des Deutschordenspriorates SS. Trinita in Venedig im Jahr 1581, in: Udo Arnold, Von Akkon bis Wien. Studien zur Deutschordensgeschichte vom 13. bis zum 20. Jahrhundert., Marburg 1978

Ren, L. de: Lizentiatsthesis des Edmond Godfried Vaes, in: Ritter und Priester. Acht Jahrhunderte Deutscher Orden in Nordwesteuropa. (Ausstellung der Landkommanderij Alden Biesen), Alden Biesen 1992

Ren, L. de: Messkännchen und Schale, in: Ritter und Priester. Acht Jahrhunderte Deutscher Orden in Nordwesteuropa. (Ausstellung der Landkommanderij Alden Biesen), Alden Biesen 1992

Schmidt, Rüdiger: Die Deutschordenskommenden Trier und Beckingen. 1242-1794., Marburg 1979

Schöffler, Ekhard: Die Deutschordenskommende Münnerstadt. Untersuchungen zu r Besitz-, Wirtschafts- und Personalgeschichte., Marburg 1991

Seiler, Alois: Deutschordenspriesters, in: Kreuz und Schwert. Der Deutsche Orden in Südwestdeutschland (Ausstellungskatalog der Insel Mainau), Mainau 1991

Seiler, Alois: Ablaß für die Pfarrkirche Marburg; in: 800 Jahre Deutscher Orden (Ausstellungskatalog), Gütersloh/München 1990

Seiler, Jörg: Der Deutsche Orden in Frankfurt, Marburg 2003

Täubl, Friedrich: Der Deutsche Orden im Zeitalter Napoleons (Quellen und Studien zur Geschichte des Deutschen Ordens, Bd. 4), Marburg 1966

Tumler, Marjan: Der Deutsche Orden im Werden, Wachsen und Wirken bis 1400 mit einem Abriß der Geschichte des Ordens von 1400 bis zur neuesten Zeit, Wien 1954

Van Der Eycken, Michiel: De Duitse Orde in het Prinsbisdom Luik, in: Saint-Andre. De Duitse Orde in Luik (1254-1794)., Opglabbeek 1991

Van Der Eycken, Michiel: Grootpastors van Sint-Andreas en Sint-Gangulphus, in: Saint-Andre. De Duitse Orde in Luik (1254-1794), Opglabbeek 1991

Van Der Eycken, Michael: Het dagelijks Leven, in: Nieuwen Biesen in Alden Biesen. 5 eeuwen Duitse Orde in Maastricht., Maastricht 1989

Volgger, Ewald: Bestätigung der Notula durch Papst Alexander IV., in: 800 Jahre Deutscher Orden (Ausstellungskatalog), Gütersloh/München 1990

Volgger, Ewald: Deutschordens-Bibel, in: Ritter und Priester. Acht Jahrhunderte Deutscher Orden in Nordwesteuropa. (Ausstellung der Landkommanderij Alden Biesen), Alden Biesen 1992

Volgger, Ewald: Die Priester im Deutschen Orden, in: Heinz Noflatscher, Der Deutsche Orden in Tirol, Bozen 1991

700 Jahre Elisabethkirche in Marburg, Katalog 5: Der Deutsche Orden in Hessen, Marburg 1983

Printed by Books on Demand GmbH, Norderstedt / Germany